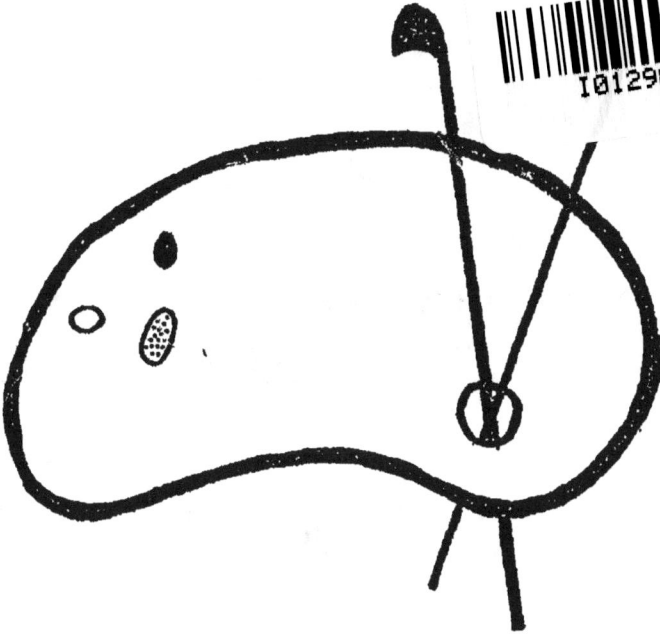

COUVERTURE SUPERIEURE ET INFERIEURE
EN COULEUR

# LE

# PROGRÈS POLITIQUE

## EN FRANCE

PAR

## M. DUPONT-WHITE

PARIS

LIBRAIRIE GUILLAUMIN ET Cie, ÉDITEURS

RUE RICHELIEU, 14

1868

---

Paris.—Typ. A. PARENT, rue M.-le-Prince, 31.

*a monsieur Ourman, offert
par l'auteur, avec mille remerciements
des questions contemporaines
Dufront-White*

LE

# PROGRÈS POLITIQUE

## EN FRANCE

Paris. — Typ. A. PARENT rue Monsieur-le Prince, 31.

LE

# PROGRÈS POLITIQUE

## EN FRANCE

PAR

## M. DUPONT-WHITE

———

PARIS

LIBRAIRIE GUILLAUMIN ET Cⁱᵉ, ÉDITEURS

RUE RICHELIEU, 14

——

1868

# LE
# PROGRÈS POLITIQUE
## EN FRANCE

---

## CHAPITRE PREMIER

### NOUVEAUTÉS POLITIQUES DE NOTRE TEMPS ET PROBLÈMES QUI S'Y RAPPORTENT.

Il en est de la société comme de la nature : des faits nouveaux ne cessent d'y apparaître, qui sont à prendre de toutes parts en considération pratique, qui deviennent la matière et l'inspiration des arts, des industries, des lois surtout. Pour parler de la société seulement, ces nouveautés sont quelquefois des événements qui, pour leur fréquence et leur gravité, veulent être réprimés ou consacrés par les institutions : quelquefois ce sont des institutions à compléter et à fortifier, qui

n'ont pu être faites de toutes pièces, dont l'armure
a des défauts mortels, constatés ou appréhendés.
Quant à la société française, voici les choses
nouvelles qu'on y a vues de nos jours :

1° Nous avons appris l'importance suprême et
vitale de la politique étrangère , et comment ce
pays peut être atteint dans son rang, dans son
prestige, dans son avenir, par la manière dont
ses affaires sont conduites au dehors. Nous avons
appris et ressenti cela dans la profondeur d'une
blessure toute récente, qui est la mauvaise nouvelle de notre temps. On fait allusion ici aux conflits
allemands et mexicains, où l'équilibre de l'Europe
s'est brisé à notre préjudice, sans qu'il ait été ré-
tabli dans le Nouveau-Monde au profit de la race
latine, où les traités de 1815 ont été aggravés
contre nous, tandis que là-bas nous faisions avec
les États-Unis un traité pour l'évacuation du
Mexique.

2° Nous avons reconnu et palpé un vice de la
monarchie, lequel est la permanence, l'inamovibi-
bilité de la fonction monarchique; vice très-
sensible dans le cas d'un monarque vieillissant
ou *contractant des infirmités*, comme dit la loi sur
les pensions de retraite. La révolution de Février
n'a pas eu d'autre cause. Or, rien n'est grave

en ce pays instable comme un principe d'instabilité, comme un germe de vicissitude : quand la
race incline déjà dans ce sens, les lois n'ont que
faire de l'y pousser.

3° Nous avons enfin pour toute liberté ou du
moins pour principale liberté, le suffrage universel qui apparaît à l'origine de tous les pouvoirs, de l'exécutif comme du législatif, ayant
fondé celui-là et renouvelant celui-ci périodi-
quement.

Le suffrage universel ! Une force endormie et
latente dont on ne sait que penser pour le moment; qui s'ignore elle-même toute la première ;
qu'on a vu jusqu'à ce jour silencieuse et obéis-
sant, soit aux classes éclairées en 48, soit aux
impulsions officielles depuis 52. Mais si la parole
et la volonté allaient lui venir ! On sait comment
l'esprit vient aux peuples. Il leur suffit pour cela
non pas de souffrir, ce qui est leur seconde nature
et le fond des existences populaires, mais de
se sentir humiliés : *Ecquid sentitis in quanto con-
temptu vivatis?* s'écriait le tribun Licinius. Et voilà
les plébéiens enflammés ! Le peuple français, avec
sa souveraineté, me représente un lion sommeil-
lant près d'une source : image que j'emprunte
en la dépaysant à Lord Byron, mais qui s'adapte

bien ici où il y a réellement une source, pas
moins que celle des pouvoirs, qui sera peut-être
quelque jour un torrent.

Vous tenez là une de ces institutions incom-
plètes et hasardeuses auxquelles on faisait allusion en commençant. Le complément voulu serait
d'ajouter l'enseignement universel au suffrage
universel : par où ce peuple souverain acquer-
rait peut-être un esprit capable de comprendre
une souveraineté supérieure à la sienne, celle du
droit et de la raison. Quant à ces événements
graves et réitérés qui veulent être traités par les
institutions, vous les avez peut-être reconnus
quand nous avons articulé deux faits tels que les
crises de politique étrangère et que la longueur
des règnes.

Voilà les choses nouvelles dont nous avons le
spectacle, pour nous tenir lieu de tout ce qui se
débattait depuis trente ans. Tel est le bruit et la
poussière de ces apparitions que le passé en est obs-
curci et comme oublié du coup. Que sont deve-
nues, je vous prie, toutes ces controverses, toutes
ces luttes relatives à l'extension du droit électoral, qui ont passionné plusieurs générations?
Evanouies, fondues dans le suffrage universel. Et
l'Italie ! et la Pologne ! et la République, cette

question ou plutôt cette guerre civile qui ensan-
glanta les dix premières années du gouvernement de Juillet? Autant de passions épuisées, si
ce n'est satisfaites; autant de questions déplacées
et transformées, la dernière surtout. En effet, la
monarchie actuelle ne s'est-elle pas déclarée
responsable? Par où elle apparaît, non pas
comme entourée d'institutions républicaines (ainsi
que le disait sur elle-même feue la monarchie de
Juillet), mais comme la république même, dans
toute l'ondulation de ses perspectives, si ce n'est
dans toute la clarté du terme : à moins que cette
responsabilité ne soit un vain mot, une chose
inapplicable parce qu'elle est indéfinie, un de ces
principes qui ne tirent pas à conséquence, une loi
se dérobant devant les sanctions dont elle est
grosse. Je le veux bien : mais alors laissons-là le
texte et l'esprit des lois; ne parlons plus principes, institutions, serments; contentons-nous de
subir ou d'exercer le droit du plus fort. Rien n'est
grand comme de régner *par la grâce de Dieu et
par la volonté du peuple,* surtout si nous parlons
du peuple français et d'un dieu personnel et pro-
videntiel ou plutôt rémunérateur-vengeur, pour
revenir à la langue et à la définition de Voltaire,
qui en valent bien d'autres. Cela, dis-je, est de

toute grandeur, parce que régnant à pareils titres,
on s'engage à mériter, à conquérir assidûment
cette grâce et cette volonté qui n'ont rien de continu, rien d'acquis et d'assuré à jamais, si j'en
crois les enseignements de l'histoire et de la
théologie.

Telles sont encore une fois les nouveautés
écloses de nos jours, les fleurs et les fruits de
notre temps. *Quid juris?* dirai-je à Œdipe.

Ici, je me sens interrompu : « Il me semble, »
me dira-t-on, « que vous venez de parler droit.
Eh bien ! retirez ce mot, qui est déplacé, qui est
indécent en pareil sujet, où il s'agit du salut et
des expédients qui font le salut. Je ne veux pas
les rechercher et les professer; mais je vous
arrête sur ce mot, sur cette pente d'erreurs et de
chimères qui semble vous attirer. Pas de méta-
physique, s'il vous plaît : la politique n'est ni
science, ni morale, ni dogme; elle est un art
comme la médecine, et rien de plus; elle est
un machiavélisme, et rien de mieux..... Entendant par-là, non pas sans doute, une noir-
ceur et une rouerie permanentes, mais l'empire
absolu des circonstances, la souveraineté des
intérêts. Je vous vois venir.... Vous parlez droit,
et dans un instant, vous allez traduire Droit par

Liberté, c'est-à-dire fracas des paroles, trouble des esprits, dissémination des volontés et des forces. Comme si la liberté était le salut de toutes les situations et le droit de tous les peuples! Moi, je parle intérêt, et par là j'entends l'ordre où naissent les capitaux, la sécurité où ils se dépensent, se prêtent surtout (n'oublions pas cet article des emprunts) la discipline et la concentration où les énergies d'un peuple deviennent des remparts à la frontière, des remparts qui marchent et la reculent, bref, l'unité qui fait la force. Telle est la circonstance impérieuse dont nous avons à prendre conseil, tel est le seul intérêt qui mérite de se faire écouter, à l'exclusion de toute idée philosophique et de tout modèle exotique. »

Je pourrais vous répondre qu'une restitution de liberté est la chose urgente et opportune, la circonstance souveraine et spécifique de la situation : je pourrais faire valoir à mon tour la logique des intérêts et vous imputer la rhétorique de certaines passions, de certaines utopies, où la grandeur ne manque pas moins que la réalité : je pourrais vous montrer les avantages économiques et patriotiques surtout de la liberté : il ne tiendrait qu'à moi, devant un pays bourrelé d'inquiétudes, de la signaler impérieusement, de l'invoquer avec la dernière véhémence comme le remède des maux qu'elle n'a pas faits, dont le principe est ailleurs apparemment.

Mais j'aime mieux me tenir sur cette crête du droit, sur cette pente, comme vous dites, qui ne mène nullement aux abîmes, mais au seul terrain solide où puisse s'établir et prospérer, se sauver même, puisque vous parlez de salut, un de ces pays dont nous parlions tout à l'heure.

Oui, Droit veut dire ici Liberté. Ce n'est pas que ce mot ait toujours cette signification. Quelquefois un peuple ne mérite pas la liberté, parce qu'il la vendrait, soit aux riches, soit à l'étranger, soit à quelque César capable de le nourrir et de l'amuser. Quelquefois il ne la mérite plus ; il doit tout ou moins en souffrir l'éclipse, pour l'avoir mal exercée ou mal gardée. Mais laissez-moi supposer un pays adulte et intelligent, un pays progressif, dont le progrès paraît en ce qu'il améliore ses révolutions et ses dictatures, qui se livre volontiers à des expériences politiques, qui a subi plus d'une fois celle du gouvernement personnel... la liberté politique est le droit évident de cette société. Et ce droit, savez-vous où je le puise ? Non-seulement dans les qualités de la race et dans l'éducation ajoutée à ce naturel, non-seulement dans tels périls et telle crise où ne paraît pas l'excès libéral, où paraît uniquement le pouvoir personnel, mais dans les distinctions élémentaires qui font la conscience humaine. Quoique vous en ayez, ces distinctions montent et s'imposent jusque dans l'ordre politique. Quand il s'agit de rapports entre les hommes, de rapports privés, est-ce que vous regardez le règlement de ces relations comme matière d'art et d'expérience, comme chose variable et arbitraire ! Non vraiment; pourtant la malfaisance est interdite aux hommes à l'égard de leurs semblables; et remarquez-le bien, la définition du méfait est presque partout la même depuis le mont Sinaï jusqu'au Code pénal de 1810. Or, s'il est défendu aux hommes en général de se nuire, pourquoi certains hommes, sous prétexte de gouvernement, pourraient-ils faire à leurs semblables le mal d'oppression et d'exaction? Et si nul Code pénal ne peut prévoir utilement ces attentats, si la force pour les prévenir et les réprimer ne peut se trouver en dehors des gouvernés, comment faire autrement que d'appeler ceux-ci au contrôle, à la constitution et même à l'exercice du gouvernement qu'ils subissent?

A cela je ne vois qu'une exception qui est le cas où les opprimés, deviendraient, une fois souverains, faute de culture morale, les pires des oppresseurs; où une société mal gouvernée par des pouvoirs extérieurs, se gouvernerait encore plus mal elle-même, avec un égoïsme encore plus brutal et plus insatiable, ce qui a été presque toujours le cas de l'humanité. Mais il en est autrement de nos jours, et cette exception, aussi ancienne que le monde, n'a plus lieu parmi les nations majeures et occidentales, quand la nature humaine a reçu l'éducation dont elle est capable dans certaines races et conquis la condition, le savoir-vivre où rien par exemple ne lui fait une loi de l'esclavage, qui défigurait *l'aimable simplicité du monde naissant*, comme dit Fenélon, où l'on peut parler des droits de l'homme et du citoyen. Tel est le cas où le Droit, et un droit comme la Liberté, s'impose aux rapports politiques des hommes, c'est-à-dire à ceux qu'entretient l'individu avec la société, le citoyen avec l'Etat, le gouvernant avec le gouverné. Vous ne pouvez parler de l'homme, et surtout du citoyen, sans parler droit. Je dis *surtout*, parce que le citoyen devant l'Etat est au premier chef le faible en présence du fort, tandis que l'homme rencon-.

tre quelquefois dans son semblable un égal et rien de plus. On peut croire que, si le droit ne se fût pas trouvé dans la conscience humaine, les législateurs l'eussent créé, l'eussent inventé tout exprès à propos des relations politiques. Mais ils n'ont eu qu'à transporter dans la cité les fondements de la conscience, la règle innée des rapports privés, les principes du droit civil, celui par exemple qui émancipe l'enfant à certain âge, qui considère comme un méfait le pouvoir paternel survivant à l'adolescence. Pourquoi n'y aurai-il pas pour les nations, aussi bien que pour les individus, un âge d'émancipation et de responsabilité ? C'est qu'il est malaisé, dites-vous, de reconnaître la majorité d'un peuple. Pardon, un peuple est majeur quand il se dit tel et qu'il fait des révolutions, n'étant pas cru sur cette parole. Remarquez bien que tous les opprimés ne s'insurgent pas : les serfs en Russie n'y songeaient pas autrement, ce qui est une raison par parenthèse pour les changer en hommes et non en citoyens.

Voulez-vous un autre signe pour reconnaître la majorité d'un peuple ? Regardez à sa religion et à la manière dont il en est dominé politiquement. Quand un peuple a passé l'âge de la théo-

cratie, il est majeur, il doit être libre et se gouverner lui-même. De deux choses l'une : ou
Théocratie ou Liberté. Il faut une grande origine
aux gouvernements, divine ou nationale, pour ne
pas avilir les gouvernés. Ce qui n'est pas tolérâ-
ble, ce qui n'est pas faisable (l'entendant comme
le vicomte d'Orthez), *c'est que l'homme obéisse à
l'homme*. Ceci est l'axiome des protestants repro-
ché par Bossuet à Luther, qui n'en a pas moins
retrouvé les titres du genre humain. Heureuse et
grande la nation qui se les applique! Elle gagne
la bataille de Sadowa sur telle autre nation qui
faisait naguère un concordat tout inspiré du
moyen âge. Mais la dictature, dites-vous, n'a-
t-elle pas son heure et son mérite? Je réponds
que la dictature est légitime dans certains cas,
que cet accident est très-propre à réparer les
maux accidentels de la liberté! Ce sont les peuples libres, remarquez-le bien, qui ont inventé la
dictature à cette fin; mais comment réparerait-
elle les maux d'un gouvernement personnel et
déjà quasi-dictatorial? Comment le mal et le remède viendraient-ils de la même main? Ou plutôt
comment n'aurait-elle pas pour effet nécessaire de
perpétuer et d'aggraver ces maux?

Si l'âge viril des peuples se reconnaît, soit

aux insurrections florissantes, soit à la théocratie dépassée; si ce sont là, parmi les peuples,
les signes de race et de maturité, les titres de noblesse politique, il faut avouer que jamais peuple
n'eut des parchemins comme les nôtres.

Et cela est tout naturel parmi ces fils de Pro-
méthée qui excellent à gravir les hauteurs où
cesse l'économie politique, où apparaît la notion
du droit. C'est une vision que vous n'ôterez pas
de ce sujet, je veux dire du problème politique.
Tant que vous considérez ce qui se rencontre au-
dessous de l'homme et de la société, les lois sont
les faits généraux, ce qui est, et rien de plus. Si
vous étudiez uniquement l'homme physique, cette
observation ne cesse pas d'être applicable. Mais
passez ce terme, montez un degré de plus, et la
loi c'est ce qui doit être; la notion de légitimité
remplace la notion d'universalité; bref, avec
l'homme social le droit paraît (1).

(1) je ne puis me défendre de remarquer en passant que cela
ne conclut pas mal contre le matérialisme. Quel est donc ce
descendant du poisson, ce perfectionnement du singe, qui
a des instincts comme ses ancêtres, mais qui a de plus la
vue, la notion distincte, qu'il doit les maîtriser, qu'il doit
même y désobéir. Ici la chaîne se rompt, *rerumque novus
mihi nascitur ordo*. La chaîne serait continue, si l'homme était
simplement plus ingénieux que ses prédécesseurs dans la satisfaction de ses instincts. Mais le cas est tout autre; il a une conscience pour discipliner, pour réprimer ses appétits. Voilà qui

Restent sans doute des questions d'art, parce que les formes du droit sont variables pour des races qui n'ont pas le même naturel, pour des

est absolument nouveau, qui constitue un être *sui generis*, une création ne datant que d'elle-même. Quel animal! Pour ma part, j'incline à croire que la nature et la Providence ont fait là une destinée plus longue que la destinée animale ; que cet être ne périt pas tout entier ; que, capable de concevoir l'infini, il rencontre l'infini dans son existence comme dans ses conceptions ; qu'il ne se confond pas, dans sa dissolution apparente, avec la matière qui compose tout au-dessous de lui. Les savants nous disent que la matière est divisible à l'infini. Cela revient à dire que rien ne s'anéantit. A ce compte, pourquoi serait-il permis, serait-il infligé aux facultés morales qui caractérisent l'individu humain, qui signalent l'avénement humain dans l'échelle des êtres, de s'évanouir à jamais, de s'abîmer dans le néant? Les idées de l'homme, dites-vous, lui survivront... mais s'il n'a pas eu d'idées, s'il a eu simplement l'héroïsme, la sainteté ?... Vous me répondez que l'histoire est là pour éterniser ce souvenir. Comment ! l'homme et la mémoire humaine seraient seuls chargés de cette sanction, de cette récompense ! Comprenez donc que c'est mettre la justice divine au-dessous de la justice humaine. — Il n'y a pas de Dieu, dites-vous... — Où prenez-vous cette négation téméraire ? En tout cas, à défaut de législateur, il y a certainement des lois et des forces... Or, je ne puis croire qu'elles aient créé l'homme à cette hauteur, avec ces attributs sans nom et sans exemple jusqu'à lui, pour le laisser retomber de là dans les dissolutions de la matière et dans les limites du temps, lui qui n'est pas fait de matière, *parte meliore sui*, et qui ne conçoit pas les limites, lui qui conçoit l'infini au moyen d'organes et par des opérations invisibles, impalpables, indépendantes des sens, même de ceux qui lui transmettent le sentiment du beau. Si vous faites une telle hypothèse que la matière pensante, vous pouvez bien faire un pas de plus dans cette voie et supposer la matière indissoluble dès qu'elle pense. Pourquoi violenter toutes les vraisemblances au profit seulement du matérialisme et de ses conclusions les plus déplaisantes ?

sociétés qui n'ont pas la même éducation, le même climat, le même territoire. Mais quel art, et comment le comparer à la médecine? Essayez donc de dire que le malade a le droit d'être guéri? L'oreille s'y refuse. Mais tel est l'art politique, qu'il est tenu de respecter en tout homme le droit de prier, de travailler, d'échanger, de se mouvoir comme il l'entend, le droit surtout d'être jugé par des lois et non par des caprices. Vous voyez bien qu'il y a quelque chose ici, par delà les circonstances et les expédients : quelque chose d'absolu pour gouverner quelque chose de permanent et d'identique parmi les hommes. Le législateur est un artiste qui a sous sa main ce fond de similitude humaine où éclatent tant de différences, mais qui a sous les yeux les types supérieurs du juste et du vrai, sans pouvoir ni violenter cette matière en lui imposant plus d'idéal qu'elle n'en peut porter, ni violer cet idéal par le déni ou l'insuffisance des applications.

Ainsi, nous avons à traiter, selon le droit, et non d'une manière toute empirique et machiavélique, les nouveautés dont nous faisions le compte tout à l'heure. L'objection est sans base qui prétendait nous réduire à peser des intérêts purement matériels, à chercher des expédients

jusque dans la dictature, à faire litière des principes, c'est-à-dire des droits naturels ou acquis
d'une société.

Toutefois, j'ai hâte de dire, pour être juste,
que cette objection est celle de telles personnes,
de telles situations plus impérialistes que l'empire; qu'elle n'a et ne peut avoir rien d'officiel,
rien de constitutionnel et d'auguste.

Aujourd'hui, le principe libéral est admis et
professé par toutes les compétences, en haut lieu
surtout : admis sous sa forme la plus imposante,
qui est le suffrage universel : professé dans toutes
les solennités politiques, soit par l'invocation des
principes de 89, soit comme couronnement de
l'édifice, soit comme fondement des unités nationales : écrit et consacré dans les plus fortes
lignes de la constitution impériale, où l'Empereur avoue, revendique même sa responsabilité.

Mais les faits, les détails répondent-ils à ce bel
ensemble de raison théorique?

Que la Liberté soit l'âme reconnue de notre
société, cela ne suffit pas. Encore faut-il qu'une
âme ait des organes : autrement comment ferait-
elle sa fonction? Ici commence un véritable
malentendu entre le Pays et le Gouvernement :
« Vous avez le suffrage universel, dit le Gouver-

nement; vous constituez tous les pouvoirs. Que
voulez-vous de mieux? Fut-il jamais un pays
avec de tels attributs, une souveraineté nationale
avec de telles racines? Vous êtes plus grands que
l'histoire et que l'imagination. Vous dépassez
toutes les sociétés connues et concevables, car
vous avez un gouvernement qui, tenant de vous
son institution et sa vie, se déclare responsable devant vous; votre créature et votre justiciable. Laissez dire ces esprits chagrins qui
vous conseillent de me suivre et de me scruter
journellement dans mes actes? Mon origine est
la garantie de ma conduite, et ma responsabilité
en est la sanction. Où prenez-vous ce désir mal-
sain d'une opération aussi superflue que de me
contrôler pas à pas, de me gêner sans fin, au
risque de défaire peut-être par des malices quo-
tidiennes ce que vous avez fait dans les jours
de foi et d'acclamation? »

A cela, le pays pourrait bien répondre qu'il a
le superflu en fait de liberté, mais qu'il n'a pas
le nécessaire; qu'il est comblé par le suffrage
universel, mais qu'il n'est pas satisfait; que ce
n'est pas assez pour un pays d'élire son gouvernement et de le juger à l'occasion: que mieux
vaudrait le contrôler, l'avertir et le modérer

chaque jour, au lieu d'avoir un beau jour à statuer sur l'ensemble de ses actes, jugement sans forme et sans limites prévues, qui aurait dès lors celles d'une révolution.

Non, vraiment, ni le suffrage universel, ni cette responsablité chanceuse ne font une liberté régulière et désirable. Mais est-ce bien là tout ce que nous avons pour être libres? J'allais oublier les libertés civiles, une découverte qui appartient à notre temps, analogue à celle du courage civil : avec les unes on ne dit rien, avec l'autre on ne risque rien. Nos descendants auront peine à le croire, mais cette heureuse invention, ce prodige de belle humeur, appartient sans conteste à notre époque dolente et nébuleuse. Il lui arriva un jour de se dérider, de rire à ses dépens, aux dépens de ses aînés plutôt. En effet, il y a une jeunesse à toutes les époques, toujours folâtre et narquoise : celle de nos jours, ayant avisé des générations supérieures qui avaient le sens politique, la foi politique, la passion politique, qui concluaient de tout au gouvernement du pays par lui-même (et par elles-mêmes peut-être), cette jeunesse, dis-je, encouragée par un sourire paternel de l'autorité, imagina les libertés civiles... où le pays ne gouverne rien. Suivez cette fantaisie, elle est des plus

heureuses. Voilà un pays fameux pour ses révolutions, qui veut respirer et penser à pleins pou-
mons, qui a secoué toutes les traditions faites
comme des freins; l'idée qui lui plaît, c'est
l'idée générale; la chose qui le passionne, c'est
la chose publique; tel est le sentiment de toutes
les classes qui éclata un jour qu'elles prirent
la parole (voir le compte rendu de M. de Cler-
mont-Tonnerre sur les cahiers de 89). Ce peuple
qui ne vit pas seulement de pain, a l'esprit philosophique dans ses hautes classes, patriotique
partout, curieux, inquisitif, agitant volontiers le
problème de la patrie et non-seulement *ce problème de la destinée*, qui apparaît aux plus humbles,
aux plus bornés, comme l'enseigne Jouffroy :
question individuelle après tout, quoiqu'elle s'al-
longe vers l'éternité. Le Français sort de lui-
même et embrasse plus de choses, il est intelligent,
il est sociable, et la fantaisie est venue enfin à cette
intelligence de gouverner cette société pour le
plus grand bien de tous. C'est ainsi qu'il est fait,
c'est là qu'il en est venu, et quand ce naturel a
reçu cette éducation, quand il aspire légitimement à la plus grande chose que puisse rêver
l'aristrocratie des races humaines, à la liberté
enfin... savez-vous ce qu'on lui offre? Des bou-

langers sans taxe, des bouchers sans tarif, des
pharmaciens sans codex, des théâtres sans privilége, des coalitions sans fin, des sociétés com-
merciales sans règle, peut-être même, qui sait? des
communes sans arbitrage supérieur pour défendre
le droit des minorités et le droit de l'avenir.
Trompez-vous, escroquez-vous, empoisonnez-
vous…. Voilà ce que répondent les libertés civiles
à l'aspiration française !

Que pensez-vous de cette émancipation? Ne
sentez-vous pas dans vos cheveux le souffle de 89?
Est-ce que rien ne palpite en vous, à l'aspect de
ces industries nourricières qui étaient à la chaîne
des règlements les plus durs et qui marchent
maintenant dans leur force et dans leur liberté.
Comme elles respirent à cette heure! Comme elles
s'épanouissent! Quelle exaltation des prix! S'il
vous faut du progrès, de la révolution, eh bien!
vous avez celle des prix. Vous devez la ressentir,
homme des classes oisives, et vous réjouir de cet
avantage fait aux classes productives, à moins
d'être uniquement l'élève des anciens partis,
l'aveugle des vieilles coteries, l'ambitieux doctri-
naire qui florissait il y a quarante ans. Comme
s'il n'y avait au monde que des aspirants politiques, des apprentis députés!

Ces derniers mots touchent au nœud de la question. Il y a quelque chose en effet au delà des classes émancipées et comblées que l'on vient de passer en revue : tout ne tient pas dans ce cadre, si vaste qu'il soit : en dehors des carrières ci-dessus, il y a une profession légitime, un métier avouable, celui du candidat politique. Or, vous aimeriez bien, si vous tentiez cette aventure, vous montrer aux électeurs autrement qu'en effigie, en photographie (je sais un département où cela se passe de la sorte), leur dire qui vous êtes, vous entendre avec eux enfin sur les termes du mandat que vous leur demandez. Peut-on représenter les gens sans rencontre personnelle, sans explication préalable? Ce droit du candidat se confond avec celui du pays, avec l'intérêt même du gouvernement. Est-ce que le pays souverain peut choisir des inconnus pour le représenter? Est-ce qu'il peut exposer le gouvernement à des contrôles téméraires, subversifs peut-être? Mais ici finissent les libertés civiles et commencent les restrictions politiques. En effet, pour se voir et s'entendre, il faut se réunir. Or, vous avez sans doute le droit de locomotion, mais non le droit de réunion. Libre à vous d'aller et de venir comme il vous plaît, mais pas où il vous plait ; là, par exemple, si plus de vingt personnes (une portion du souverain, notez bien ceci), sont réunies pour savoir qui vous êtes, ce que vous pensez de la chose publique, s'il y a entre eux et vous concours d'idées, estime et confiance politique.

Il vous plairait peut-être aussi d'être en rapport journalier avec ces électeurs si nombreux aujourd'hui, des travailleurs la plupart, dont la réunion ne peut être qu'accidentelle. Mais pour cela il faut un journal. Essayez d'en trouver un, d'en créer un surtout! Le journal était devenu le véhicule de l'idée, à peu près ce que le chemin de fer est pour les personnes et les colis; mais aujourd'hui ce véhicule se dérobe, on ne le trouve pas partout en ce pays, à l'usage au moins de tout le monde. Et celui du dehors qui serait à votre convenance, qui vous instruirait ou de telle négociation ou de telle opinion publique, celui-là ne passe pas toujours la frontière et fait exception au libre échange.

Bref, il est une ambition légitime comme une fonction, celle du candidat politique, laquelle ne s'exerce pas sans réunion libre, sans journaux libres. Ce sont justement ces libertés qui manquent à côté des émancipations, des largesses dont nous parlions tout à l'heure. Eh bien! ce

pays ne prendra pas le change : un pays qui eut
toujours de fameux moqueurs, où le sentiment
du ridicule est éveillé comme nulle part, et qui
supporte mal d'être accommodé de la sorte devant cette foule d'étrangers dont il fait l'étude et
la joie. Quant à moi, j'estime que la chose est
grave, qu'elle est à ressentir et à traiter sérieusement. Je ne puis voir là que deux choses :
d'une part, le pouvoir abandonnant la police
qu'il devrait faire, celle des intérêts, et d'autre
part faisant celle qui lui est défendue comme une
usurpation et une intrusion, je veux dire la police des idées. N'oublions pas le trait magistral,
le trait final de cette conception facétieuse, qui est
le pouvoir offrant cette licence comme dédomma-
gement de cette liberté.

Rien n'est plus naturel que la politique du
gouvernement en cette matière des libertés civiles : vous voyez là d'une part la nature du
gouvernement en général, qui est de tenir les
peuples en dehors du pouvoir, tandis que, d'autre
part, la nature actuelle des peuples est d'entrer
en partage du pouvoir. Ils appellent cela *liberté*
très-indûment, et c'est pourquoi on leur lâche, on
leur offre quelque chose où ce nom paraisse. Cela,
dis-je, est naturel et n'est pas moins mytholo-

gique. C'est ainsi qu'Atalante courait au but et dé-
vorait l'espace, laissant tomber derrière elle je ne
sais quelles pommes d'or pour arrêter les anciens
partis. Ces partis ne laissent pas, eux qu'on accuse d'une malice implacable, que d'entrer dans
ce divertissement. La question des libertés locales
en est un fameux exemple. Il est fort probable
que le gouvernement rendra la main de ce côté
et fera droit à l'agitation qui a presque passionné
ce débat. Il a déjà fait beaucoup dans ce sens par
le projet de loi présenté l'an dernier, qui contient,
n'en déplaise à l'opposition la mieux intentionnée,
une réforme réelle et considérable. Donc cela se
fait ou cela se fera. En serons-nous plus libres?
Peut-être; mais de quelle liberté! Vous verrez
un grand pays rapetissé, rasé au niveau de sa
poussière locale et gouverné par l'esprit qui peut
naître dans le ménage des intérêts locaux. Lui
qui trouvait l'esprit légiste trop étroit pour ses
aspirations, lui qui a des idées par delà son usage
particulier, lui qui fait des croisades et des révolutions à l'appui de ses idées, il aura pour remplir sa poitrine le souffle qui vient des communes, et pour toute perspective, des horizons de
clocher : une collection de coteries au lieu d'une
patrie.... *finis Galliæ.*

Voici maintenant un grief plus considérable non plus contre tels partis, mais contre le pays tout entier. J'entends parler de l'accueil qui fut fait à certains présents du pouvoir absolu : libre échange, guerre d'Italie, restauration des jésuites. Patriotes, économistes et cléricaux, ont reçu avec acclamation ces décrets qui auraient dû être des lois, ces actes du gouvernement où l'on s'était passé de leurs représentants.

Il y avait pourtant parmi les classes qu'on vient d'énumérer des libéraux très-sincères; mais le libéralisme n'était que leur seconde passion, née parmi quelques-uns le jour de leur défaite. Tel n'est pas le tempérament libéral : tout autre est l'Anglo-Saxon. Quand on aime la liberté, on l'aime pour elle-même, quels qu'en soient les fruits ou les poisons, et l'on ne pardonne rien au pouvoir personnel, pas même ses bienfaits. C'était une passion parmi le peuple anglais que la réforme des lois céréales et des lois électorales; mais croyez-vous qu'il eût accepté ces réformes de la main seulement du pouvoir exécutif, octroyées par décret?

Voilà donc où nous en sommes : souveraineté du pays écrite, on pourrait dire consignée dans les institutions sous sa forme radicale, celle du suffrage universel ; arborée et avouée par le pouvoir exécutif lui-même à tout propos, quelquefois dans les plus grands termes, *le peuple qui fai. mon droit, l'armée qui fait ma force...*, mais en même temps, chargée des restrictions les plus nombreuses, bridée de toutes parts et retenue à l'état de théorie pure, de virtualité inerte. Ne traitez pas cela d'illusion et d'hypocrisie, parce que vous ne tenez rien qui vaille : dites plutôt perspective et promesse. Vous pouvez affirmer l'avenir ; on ne montre pas, on ne déclame pas certaines choses, sans prendre un terrible engagement envers le pays.

Il faut avouer que ce pays est pour quelque chose dans cet évanouissement pratique de la liberté. Pourquoi se compose-t-il de personnes ou même de classes qui préfèrent toutes quelque chose à la liberté ? Pourquoi s'est-il arrêté sur cette pâture des libertés civiles ? Pourquoi a-t-il pris au sérieux ce moyen dilatoire, cette définition illusoire de la liberté ? Mais c'est le Gouvernement surtout qui, par la pente naturelle de tout pouvoir, à la faveur de son origine populaire et profitant de l'effroi laissé par une révolution récente, a le plus fait contre le développement libéral. Il a pu le faire avec franchise et

même avec une certaine grandeur, n'ayant ré-
tracté à cette occasion ni la souveraineté du
peuple, ni la responsabilité du pouvoir, s'étant
même déclaré responsable de sa personne par
delà les ministres. Ce qui revient à dire : j'aime
mieux être jugé une bonne fois que d'être chi-
cané chaque jour dans la conduite de mes agents
et maîtrisé dans leur choix... Un langage, un sentiment qui ne manque pas de fierté. Reste à savoir
si ce qui laisse au gouvernement un assez grand
air est en même temps ce qui ouvre au pays assez
d'air respirable pour le moment, assez de paix
civile pour l'avenir, assez de part dans ses affaires
qui lui ont échappé (celles du dehors surtout), et
qui se dégradent à vue d'œil.

Tandis que le principe libéral supporte cette
pression naturelle et s'égare volontiers dans
mainte traduction erronée, ne perdez pas de vue
ces choses nouvelles — crises au dehors et longueur des règnes — qui sont autant d'expériences
sur le pouvoir exécutif, et vous comprendrez
que, malgré l'épuisement des anciennes controverses, le débat persiste soit sur les applications
et les formes, soit même sur le fond et la culture de ce principe. Vous rencontrez là trois ou
quatre questions d'une certaine gravité. Ce prin-

cipe s'exercera-t-il uniquement par le suffrage
universel, ou concurremment par la voie des
journaux et des réunions? S'appliquera-t-il à 'la
politique étrangère, transportée désormais sous
le gouvernement direct du pays? Ira-t-il jusqu'à
borner en sa durée la fonction souveraine, jusqu'à lui marquer une limite d'âge, sans lui dire
toutefois : tu ne régneras plus...? Si, oui ; si telle
est la portée pratique du principe libéral, est-il
nécessaire de la lui assurer par des institutions
nouvelles? ou bien possédons-nous déjà, soit dans
nos souvenirs, soit dans des exemples voisins, le
mécanisme, le régime de cette souveraineté nationale, ainsi étendue et parachevée? N'y a-t-il pas
un régime bien connu où le parlement désigne
les ministres du pouvoir exécutif, avec cet effet
qu'un pays entre en possession de faire lui-même
toutes ses affaires, celles du dehors comme celles
du dedans, et de suppléer aux défaillances du
pouvoir exécutif, quelle qu'en soit la source : âge,
infirmité ou folie.

Telle est la question de forme : grave, mais qui
n'emporte nullement celle du fond. Car le fond,
c'est l'esprit des masses qui est seul capable de
vivifier ces mécanismes, mais qui tuera tout s'il
n'est solidement cultivé, c'est-à-dire armé contre

lui-même, ou plutôt fortifié de modération et de prévoyance contre les instincts répandus dans les masses désormais souveraines.

Je n'en dis pas davantage ; il me semble avoir amené et préparé le lecteur par une transition suffisante aux études qu'on va lui soumettre sur le régime parlementaire et l'enseignement primaire.

# CHAPITRE II

## DU RÉGIME PARLEMENTAIRE.

La première chose à faire est de le placer à toute sa hauteur, quand il devrait y paraître inaccessible. Cette hauteur, vous pouvez la mesurer d'un mot, qui est le fameux mot de Montesquieu sur la vertu, principe des Républiques. A plus forte raison est-ce le principe ou régime parlementaire, qui veut d'abord dans une nation la vertu de gouverner, qui veut en outre dans une dynastie la vertu de laisser gouverner. Que vous semble de ces deux conditions? Cela entendu, je traiterais bien ce régime de chimère et de folle utopie, si le fait n'était là, fait anglais, tout récent, péniblement acquis par deux cents ans d'efforts, mais éclatant et solide. Après tout, faut-il s'étonner que les nations modernes, héritières de l'antiquité, aient ajouté quelque chose à ce qui constituait la perfection politique parmi les anciens?

Il ne serait pas surprenant non plus que la France, avec un exemple sous les yeux, avec le don qui lui appartient des grandes pensées et d'une logique en action, employât moins de deux siècles à prendre sa part de l'idéal moderne. Bientôt peut-être, il se trouvera, il se formera en Europe des dynasties pour régner constitutionnellement, à l'instar des Brunswick : il s'en est bien trouvé, comme les Cobourg, pour épouser des reines. Au fond, la plus haute ambition des trônes est de durer et de se transmettre : je suis persuadé que le Grand Turc échangerait volontiers sa toute-puissance personnelle contre les limites et la sécurité du trône anglais. Au surplus, quel que soit le chemin du régime parlementaire, long ou court ; quels que soient nos obstacles, dynastiques ou inhérents à la race, nous n'avons pas autre chose à faire que de tenter cette éducation des peuples et des monarques, que d'ouvrir cette école où les rois apprennent quelque chose comme l'abdication, et les majorités la modération. On ne pourra légitimement conclure, soit à la République, soit au Césarisme, que cette expérience faite et épuisée.

## SECTION I

### THÉORIE DU RÉGIME PARLEMENTAIRE PAR M. GUIZOT.

Nous prenons pour texte et pour cadre de ces études ce testament d'un homme d'État, intitulé : *Mémoires pour servir à l'histoire de mon temps*. Nous ne sommes pas libres de faire autrement : certains esprits sont tels que, si l'on touche après eux au sujet qu'ils ont traité, on ne peut éviter de les prendre pour contradicteurs ou pour guides. Cette remarque s'applique surtout au tome VIII⁰ et dernier de ces *Mémoires*, où je trouve tout d'abord un chapitre magistral sur le Gouvernement parlementaire. A vrai dire ce ne sont plus des Mémoires en ce dernier volume : c'est surtout un épanchement d'aperçus, de considérations, de commentaires qui portent d'aplomb sur ce que nous sommes et ce que nous tentons aujourd'hui. Pourquoi pas? Qui voudrait constester à ce narrateur l'autorité des jugements et des prévisions? Affaire d'historien que d'enseigner, d'écrire *ad probandum*, de raconter pour démontrer. Je ne comprends pas le récit pour le récit, je

n'admets pas la description pure adressée à des
êtres qui n'ont pas seulement des yeux, mais
qui sont à prendre par toutes les prises, par
toutes les ouvertures de leur sentiment et de leur
raison.

Cette obligation de l'histoire devient encore
plus étroite, quand l'histoire est écrite par les
acteurs eux-mêmes. Il est défendu aux hommes
d'État, encore plus qu'aux médecins, de prendre
leur retraite, de pratiquer l'abstention et lé silence, de vieillir dans la cité en purs contempla-
teurs. La dignité de leur repos, c'est l'enseignement : à eux de professer pour le bien de la
société l'expérience qu'ils ont acquise à ses dépens. On sait que lord Liverpool, quittant les
affaires à 79 ans, se mit à écrire un livre sur
le *monnoyage du royaume* (*a treatise on coinage of
the realm*). C'était l'époque environ où Canning
débutait, éclatait au parlement par un grand
discours sur *la reprise des payements en espèces.*

Royaume fortuné, pour le dire en passant,
heureux pays dont la grande affaire est de vaquer
à ces problèmes sans vertige, dont les hommes
d'État trouvent en ces humbles sujets l'exorde ou
la péroraison d'une grande carrière! Vous entre-
voyez sous ce détail l'accord des esprits, l'équi-

libre de la société, toutes les grandes choses
résolues et apaisées. Mais pour cela il ne faudrait
pas être une de ces sociétés qui écrivent dans
leur constitution et sur tous les murs : *Liberté,*
*Egalité, Fraternité,* pas moins que le parfait et
l'infini! De là naturellement, la grandeur et la
variété des sujets : dictature, état de siége, coup
d'État, scission et antipathie des classes, prises
d'armes et batailles. Telle société, tels livres.
Pour en revenir à celui de M. Guizot, « *c'est,* me
disait un diplomate anglais éminent, *la plus grande*
*collection d'idées politiques et de maximes de gou-*
*vernement qu'on ait vue depuis Machiavel.* » Ce qui
ne signifiait pas qu'à son estime les faits y fussent
contés avec exactitude, ni jugés en toute froi-
deur. Cependant, c'est caractériser ces mémoires
par leur plus grand côté, et ce jugement, après
tout, pourrait bien plaire à tout le monde, y
compris l'ombre de Machiavel.

. Oui, il y a plus d'enseignement implicite ou
formel, plus de vérité émise ou suggérée dans
les jugements d'un grand esprit sur ses actes,
qu'il n'y a d'erreurs et de mystifications inhérentes à sa qualité d'acteur. Comme il est grand,
il dépasse et franchit tout — son amour-propre,
son rôle, les limites de la scène où il a paru —

pour gagner les hauteurs qui l'attirent et le point de vue suprême d'où l'on aperçoit, d'où l'on juge le présent avec la science du passé, comme avec l'expérience contemporaine.

C'est le privilége des grands esprits d'éclairer tout ce qu'ils touchent, et de fournir la lumière contre eux-mêmes. La lumière les obsède et la vérité leur échappe, plutôt livrée quelquefois que reconnue et classée par eux à son rang, à sa valeur. Ici, par exemple, dans ce dernier volume, nous voici en 1840, à la formation et au début de ce cabinet sous lequel périt une monarchie de plus. Le lecteur remarquera peut-être en passant quelle peine ont les monarchies à trouver des cabinets qui les fassent vivre, ou même qui ne les usent pas en substituant leur intérêt à celui de la dynastie, qui substitue elle-même ses intérêts à ceux de la nation : on finirait à la longue par concevoir des doutes sur la valeur du principe monarchique et des instruments monarchiques, sur leur aptitude à rien représenter de réel, sur la disproportion de ces masques superposés avec l'âme et des traits du pays.

Mais laissons cette parenthèse pour la profession de foi parlementaire de M. Guizot.

Ce ne sont ici que traits de lumière et pas de

géant. Tâchons de le suivre ; laissons-nous en-
traîner à cette allure et à ce flambeau. La liberté,
c'est l'aspiration et l'entraînement des peuples
occidentaux : ils s'y sont acheminés de tout temps ;
aujourd'hui ils y arrivent et s'y établissent. Sin-
gulièrement, c'est le droit et le bien de la France,
la conclusion de ses pensées, l'effort de ses révolutions, le prix de ses batailles. Ce pays, qui
pense et dégaîne entre tous, s'assembla un jour
(c'était en 89), délibéra sur lui-même, et fut unanime de toutes parts à vouloir être libre. Nobles,
prêtres et bourgeois donnèrent le mandat le plus
impératif à cet égard ; on a vu cela dans les cahiers de 89, quand on y a regardé. Et vingt-cinq
ans plus tard, en 1814, un concile de rois,
d'hommes de guerre, de chanceliers, d'émigrés,
regardant la France qu'ils tenaient toute vaincue
et palpitante sous leurs mains, reconnut que cela
était bien, que ce pays devait être libre. Il faut
avouer que la charte de 1814 fut octroyée par
l'Europe autant que par les Bourbons. C'est ainsi
que l'Europe comprit sa victoire et interpréta ce
jugement de Dieu.

La liberté, dit l'auteur des Mémoires, c'est le
droit et l'empire d'une nation sur elle-même,
droit qui s'exprime par l'élection de certains pou-

voirs, et par la responsibilité de tous les pouvoirs, plus ou moins directe et personnelle.

Ce qui prouve combien la liberté est acquise
et nécessaire, c'est qu'elle n'est pas subordonnée
à certaines formes. Ce droit des peuples sur eux-
mêmes est une fonction qui trouve ses organes
ou qui les crée partout, en Angleterre comme
aux États-Unis, en Suisse comme en Hollande.
Que les États soient petits ou grands, que la souveraineté y soit élective ou héréditaire, peu importe; la liberté n'est pas à cela près. Elle est
dans les âmes et descend de là dans les mécanismes les plus variés, les inventant pour son
usage ou les domptant à son service. Elle est un
article de civilisation comme les banques, les
hôpitaux, les chemins de fer, dont la nécessité
s'impose partout; un fonds inaltérable qui triom-
phe des formes les plus diverses. La liberté peut
être républicaine : mais rien ne s'oppose à ce
qu'elle soit monarchique, et peut-être est-elle plus
réelle en Angleterre qu'aux États-Unis : en Angleterre où le gouvernement peut être révoqué
d'un jour à l'autre par un vote du parlement,
sans attendre une échéance électorale. M. Guizot
ajoute que la forme française de la liberté c'est
la monarchie. Pas de preuves.... vous me direz

qu'il n'en était pas besoin en l'an 40 ; mais nous
n'en sommes plus là. Est-ce donc notre destinée
à jamais de relever la monarchie autant de fois
qu'elle tombera, de subir tout ce qui vieillira sur
le trône, et de courir sans fin cette aventure des
gouvernements personnels , où les gouvernements usent les personnes, déclinent comme elles,
et soumettent la vie nationale aux défaillances,
aux somnolences d'une vie royale? J'oserai dire
que M. Guizot est peut-être un peu affirmatif
dans sa complaisance monarchique : au fond je
ne suis pas moi-même aussi négatif que l'on pourrait croire d'après ce qui précède, et je me demande si l'on pourrait par exemple proposer à la
France de changer tous les quatre ans le pouvoir
exécutif? Parce que nous sommes sujets à l'instabilité, est-ce une raison pour la professer et la
consacrer? Faut-il, quand on craint une averse,
recourir à l'immersion?

C'est un point sur lequel on reviendra. En
attendant laissons parler l'auteur des mémoires,
qui poursuit à peu près de la sorte : le gouvernement libre en France, c'est la monarchie constitutionnelle. Quant à la pratique, quant à la
procédure de la liberté sous la monarchie, c'est
le régime parlementaire — définition de ce ré-

gime : « l'homogénéité intérieure du cabinet et
de ses principaux agents; l'organisation de la
majorité qui le soutient en un vrai parti politique uni dans certains principes généraux et
capable de persévérance et de conséquence à
travers les questions et les situations diverses;
l'intimité et l'action harmonique de la couronne
et des chambres par l'entremise et sous la *responsabilité* du ministère chargé de leurs rapports. » Retenez bien ce mot qui ne se prononce
pas en l'air et en passant. A quelques pages de
là, M. Guizot y revient avec insistance : « Les
principes et les procédés sur lesquels repose,
dans la monarchie anglaise, la responsabilité
du pouvoir constituent-ils ce qu'on appelle le
gouvernement parlementaire? Ce gouvernement
est-il la conséquence naturelle de la monarchie
constitutionnelle, et la garantie efficace, sous cette
monarchie, de la liberté politique? »

Ces principes et ces procédés sont bien connus,
N'y cherchez rien de judiciaire, quoique l'on y
parle de responsabilité : ils la consacrent d'une
manière indirecte, mais efficace et permanente,
au moyen d'une assemblée élective qui vote les
lois et l'impôt, qui peut refuser tout cela aux
ministres du trône, les destituant par là d'une

façon implicite, mais irrésistible, et désignant au trône pour nouveaux ministres les machinateurs de ce refus.

La royauté britannique a fini par admettre cette suprématie après une lutte qui a usé les Tudor, expulsé les Stuart et façonné les Bruns-wick, depuis trois règnes seulement, où vous remarquerez des facilités telles qu'un fou et une femme sur le trône. Ce régime n'est donc pas une chimère, puisqu'il fonctionne parmi les Anglais et les Hollandais, tout comme la répu-blique est le partage de la Suisse et des États-Unis. J'en puis rapporter une autre preuve qui est la durée de ce régime parmi nous, pendant trente-trois années, prospères et fécondes entre toutes, créatrices d'hommes et de choses qui nous soutiennent encore, traversées par des épisodes (je veux parler des révolutions) qui n'en étaient pas le fruit naturel mais la déviation, la perversion acci-dentelle et corrigible.

Que ce régime n'ait pas eu tout d'abord en France une allure tempérée et forte, qu'il ait été vacillant, capricieux, passionné surtout (ce qui l'a mis à mal en dernier lieu), c'est chose toute simple en ce pays et en pareille œuvre. Faire quelques pas vers un tel but, en montrer par-devers soi la trace profonde, les fruits vivants, c'est déjà beaucoup. Ici je rappelle et j'applique cette lamentation où se complaît M. Guizot, ce gémissement de son expérience, savoir : que rien n'est imparfait comme l'homme, si ce n'est le citoyen. D'où il suit que les sociétés et les hommes d'État ont à prendre leur parti non-seulement des obstacles qui traversent leurs efforts vers le bien, mais des motifs et des résultats vicieux qui se mêlent au bien accompli, pour le transfigurer et le réduire à la proportion humaine.

Ne prenez pas ceci pour un lieu commun : c'est au plus haut degré science et sagesse. Vous ne saurez la valeur des institutions qu'en les comparant ; les trouvant toutes vicieuses et empoisonnées par l'instrument humain qu'elles emploient, vous serez bien obligés de choisir celle qui tend le moins de piéges à l'homme, qui s'accommode le mieux de cette espèce dont le propre est de se distinguer par des sentiments vulgaires, et de s'élever à des idées basses. Washington désespérait de la République, et Franklin a des expressions pleines d'horreur sur la liberté de la presse. Et cependant c'était par là, c'était sous ce régime que les Anglo-Saxons en Amérique étaient capables de civilisation politique.

Rien par exemple n'est plus facile à reconnaître que les vices du régime parlementaire ; l'imperfection humaine y paraît clairement, elle a beau jeu et peut se donner carrière sous ce régime qui est le pouvoir mis au concours. Masi, parce que les hommes sont imparfaits à cette allure de citoyens, faut-il les livrer au pouvoir d'un seul, à l'égoïsme d'un seul, imparfait lui-même, et dont l'esprit, pas plus que celui de Voltaire, ne vaudra celui de tout le monde? D'ailleurs, les choses ne sont plus entières quand on parle d'hommes qui ont connu le droit politique. Les destituant de ce droit, vous les dégradez positivement, vous les abaissez dans leur propre estime ; il y va de l'âme et de l'esprit d'un peuple.

---

## SECTION II

### PROCÉDÉS ET MÉRITES DU RÉGIME PARLEMENTAIRE.

Le régime parlementaire a une grande prétention : il s'offre à nous comme une procédure de liberté, c'est-à-dire comme le mécanisme pratique

*d'une société se gouvernant elle-même.* J'aime
mieux ces derniers mots pour exprimer le problème dont il s'agit, que le mot unique de
liberté, propre seulement à rappeler l'idée du
droit individuel, de l'excellence humaine, de la
légitimité nationale. Au lieu que, si vous parlez
du gouvernement d'une société par elle-même,
vous concevez par cela même l'idée de devoir (les
gouvernements ont des devoirs, je suppose), ce
qui ne va pas sans quelque condition morale ; et
vous concevez l'idée de fonction, ce qui ne va pas
sans quelque capacité. Dans ces termes, le problème apparaît tout entier, ou plutôt l'énigme se
démasque ; car livrer une société à elle-même,
c'est livrer des égoïstes à des égoïstes. Telle est
notre nature, on ne peut le nier. Or, comment
cette nature fera-t-elle œuvre de gouvernement?
Comment ces égoïstes voudront-ils le bien public, c'est-à-dire le ménagement et la conciliation
de tous les intérêts? Avec cela, ne perdez pas de
vue que ces égoïstes, érigés en souverains, sont la
plupart d'une condition misérable, ou du moins
précaire et dénuée, par où le mot de l'énigme
pourrait bien être à leurs yeux une subversion
qu'il leur plaira d'appeler réparation des misères,
déplacement des fortunes. Voilà ce qui couve dans

la maxime d'une société se gouvernant elle-même;
mais il faudrait pour cela que ce gouvernement
fût réel. Or, savez-vous de quoi je félicite par-des-
sus tout le régime parlementaire? c'est de mentir
à cet idéal intempérant, excessif, non moins outré
que celui d'une société appartenant à un homme
ou à un dieu, possédée par quelque césarisme ou
par quelque théocratie.

Les déviations apparaissent dès les premiers
pas. D'abord, cette société, où fonctionne le régime parlementaire, ne se gouverne pas directement. Elle nomme pour cela des mandataires. Et
cela est fort bien avisé; car si l'on allait demander le vote du contribuable sur l'assiette et l'emploi de l'impôt, il pourrait fort bien arriver ou
que la majorité des contribuables s'exemptât de
tout impôt, ou qu'elle appliquât à son profit l'impôt tout entier, ou même qu'elle décrétât ces
deux mesures. En second lieu, ces mandataires
eux-mêmes ne gouvernent pas, ils ont simplement le droit de voter les lois et l'impôt. Je sais
bien que cette simple attribution est égale au
droit de révoquer et de nommer les ministres:
mais encore n'est-ce pas la même chose que de
gouverner. Le ministre émané d'un assemblée
ne lui est pas plus identique que cette assemblée

n'est identique elle-même aux électeurs d'où elle
procède. N'a-t-il pas à compter avec la couronne,
avec un sénat, avec l'opinion, avec les bureaux
surtout, si nous parlons d'un ministre français?
Les bureaux, j'en puis porter témoignage, ont
rendu de très-grands services en 48.

Vous voyez comme les complications reparaissent! Ce qui est fort heureux, car la société est
chose éminemment compliquée, et si elle avait
pour toute politique un appareil aussi simple que
la maxime du pays se gouvernant lui-même, elle
oublierait quelque base nécessaire et perdrait l'é-
quilibre. Encore une fois, ce gouvernement n'est
pas direct, et c'est ce qui sauve tout. Il est en quelque sorte à plusieurs degrés. Chemin faisant et à
travers ces juridictions, la publicité s'accroît, la
responsabilité se développe : et sous ces influences
l'épuration se fait, l'égoïsme personnel et col-
lectif se purge, se dépouille à vue d'œil. Le député se sent autrement responsable que la foule
anonyme des électeurs: il a un nom auquel peut
s'attacher le surnom de certains votes. Encore
plus responsable est le ministre, encore plus
nommé et signalé : il est justiciable d'une sur-
veillance et d'une critique universelles; il doit des
raisons à tout le monde, amis, adversaires, cou-

ronne, ce qui en est une pour mesurer sa conduite, pour peser mûrement chacun de ses actes,
pour se méfier de son parti. De l'électeur à l'élu,
de l'élu au ministre, la responsabilité va croissant, et la lumière elle-même, celle qui éclaire
tout homme venant au pouvoir, pourrait bien
monter les échelons de cette hiérarchie, plus
brillante, plus impérieuse au degré suprême.
Qui voudrait comparer M. de Villèle à la queue de
l'extrême droite?

Voilà pourquoi la passion de l'électeur ne devient pas absolument celle du député, puis celle
du ministre, pour devenir en dernier lieu loi et
gouvernement, ce qui serait le gouvernement
brutal de la majorité, la loi grossière du plus
fort. Le vice qui était peut-être au point de départ, se corrige et se crible en traversant des
classes plus éclairées, des positions plus respon-
sables, des fonctions et des hauteurs plus acces-
sibles aux effets de conscience dont la souveraineté est cause.

Je n'ai pas encore parlé de la presse et du suffrage universel à propos du régime parlementaire. Mais peut-être est-il superflu d'en parler;
car se sont choses extérieures à ce régime sans
lesquelles il est né, et même sans lesquelles il

a vécu. Il n'a besoin ni d'une base si large, ni
d'un instrument si puissant et si délié ; en Angle-
térre, il s'est contenté longtemps d'un accessoire,
d'un appui tel que le droit de réunion. Et puis le
droit de la presse est moins à mes yeux un droit
politique qu'un droit naturel, quelque chose
comme la faculté de parler et d'écrire, d'échanger ses idées et ses produits, d'aller et de venir,
de prier, de travailler... Cette façon d'émettre et
de recevoir des idées ou des nouvelles, ce commerce des esprits, de la façon qu'il a lieu par les
journaux, pour être chose récente, n'en est pas
moins un droit essentiel de l'individu, tout comme
il appartient à l'individu de voyager en chemin
de fer, dès qu'il y a des chemins de fer : la façon,
l'exercice d'un droit en se civilisant n'ôte rien à
sa substance. Le droit au journal n'est pas moins
que le droit à l'éducation : quoi de plus naturel
parmi des êtres qui viennent au monde ignorants et nus? Tout comme la nature confie aux
soins de la famille la nudité de l'enfant, de même
la civilisation, qui est nature aussi, nature humaine et progressive, confie à la presse l'ignorance du citoyen, sous l'action des lois, bien entendu : n'oublions jamais les lois qui sont partout
un renfort, un complément nécessaire et qui en

fait existent partout, même pour obliger les parents à vêtir et à nourrir l'enfant.

Nous verrons plus tard s'il n'y a pas une corrélation intime entre les journaux et le suffrage universel, le rapport du mal au remède. Pour le moment, à propos du régime parlementaire, il sufit de reconnaître que ce régime ne réalise pas dans son excès idéal la maxime d'une société se gouvernant elle-même ; qu'il a des tempéraménts pour amortir les mauvaises passions et pour intercepter les mauvaises lois ; bref qu'il n'offre pas le danger d'une *législation de classe* pour parler comme *Stuart Mill*.

Reste la lutte pour le pouvoir : car si ce régime n'est pas le gouvernement du pays par lui-même, il est tout au moins le gouvernement décerné par le pays. Il est bien sûr que les ambitions à l'assaut du pouvoir ne sont pas aussi alarmantes que l'appétit des masses devant le sol et le capital. Toutefois cette ambition, volontiers cupide et vaniteuse au cœur de certaines classes qui n'ont rien de commun avec l'aristocratie anglaise, pourrait bien devenir par tant de combustibles une combinaison dangereuse. Il faut voir comment M. Guizot entend et modère cette situation toute française : la modérer est tout. Il s'en est

expliqué déjà : des partis compactes et solidement
liés, une majorité homogène, un cabinet fort de
cette majorité, la couronne appuyant ce cabinet,
tel est le régime parlementaire dans sa pureté
idéale. M. Guizot insiste fortement sur le grand
personnage que font les partis.

Il reconnaît même pleinement le rôle nécessaire des oppositions, des minorités. Le mérite,
à ses yeux, de tous les partis, c'est d'être solides
et bien disciplinés, à tel point qu'il reproche à
l'opposition la variété, la discordance des éléments qui la composaient.

## SECTION III

### SI LE GOUVERNEMENT PEUT ÊTRE CHEF D'UN PARTI.

Concert, fidélité, persévérance, voilà, dans la
théorie que nous examinons, ce qui fait la grandeur des partis et des cabinets portés et soutenus
au pouvoir par ces partis. Quand une majorité
est touchée de cette grâce, elle ne se permet rien
qui puisse ébranler le cabinet; elle n'a, sous

prétexte d'indépendance, ni fantaisies, ni scrú-
pules. De son côté, le cabinet compte parmi ses
devoirs, de ne rien écouter, de ne rien accepter
du dehors qui puisse altérer ce bel ordre et troubler cette gloire sidérale des choses parlementaires.

On vécut sur ces maximes, on gouverna dans
cet esprit huit années durant. Or, je n'argumente
pas du dénouement que l'on sait, je n'en triom-
phe pas, surtout à l'heure qu'il est : trop de hasard et de caprice m'apparaissent dans cette interruption violente de février 48. Non, je regarde
en eux-mêmes ces principes, ces procédés pour les
juger, soit rationnellement, soit à la lumière des
exemples anglais. Eh bien, j'aperçois en ce qui fut
professé et pratiqué alors des préoccupations, des
inadvertances.

Et d'abord, faut-il donc regarder les partis
comme un moyen de gouvernement ? J'hésite,
pour ma part, à leur reconnaître cette valeur.
Les partis me représentent, en matière politique,
l'erreur et la passion humaine, quelquefois la
plaidoirie d'une bonne cause, mais toujours vi-
ciée par un mélange de raisonnements faux et de
conclusions outrées.. Laissons les partis pour ce
qu'ils valent : ils n'ont que faire d'encourage-

ment pour paraître et opérer dans tout leur vice.
Les partis, c'est ce qui éloigne les hommes les
uns les autres, les isole et les empêche de se connaître ; les détournant d'un commerce où ils
eussent appris à s'estimer çà et là, ce qui leur est
arrivé parmi nous dans cette défaite commune,
au fond de ce sac où ils sont depuis quinze ans.
En Angleterre il y a des partis, mais appartenant
à la même classe, par où ils se connaissent et ne
peuvent se calomnier en conscience.

*La liberté*, dit Sieyès, *est incompatible avec la domination successive des partis*. Ceci est leur plus
grand vice, vice qui apparaît quand les partis sont
les maîtres absolus d'une situation, quand ils sont
le gouvernement même, comme pendant notre
période révolutionnaire. Mais, sans avoir le vice
de tyrannie, ils peuvent avoir d'autres vices,
comme la négligence des grands intérêts, l'em-
brâsement des passions, l'obstacle au progrès. Il
faut, dit-on, des partis homogènes, compactes, solidement liés. Mais, dans cette hypothèse, d'où
viendra le progrès, par où passera-t-il, comment
se fera t-il jour dans ces enceintes si bien gardées ? Dès que les partis ont une telle consistance,
on ne prévoit pas comment ils arriveront à s'en-
tamer, à se décomposer les uns les autres. Que

s'ils demeurent intacts et impénétrables, voilà, si je ne me trompe, un état de choses qui est l'inertie même. Plus de progrès dans la société, rien qu'une lutte dans le parlement, lutte sans fruit et sans issue. Je me trompe, ce conflit permanent et assidu pourrait bien allumer les passions et mettre le feu à tous les principes, à toutes les institutions qui semblaient contenir la fortune politique du pays.

La passion ! Ceci est plus grave que tout : il faut y songer, chez une race passionnée, dans une capitale fulgurante, électrique, sensitive, laquelle a pris l'habitude, alors que le pays était peu ou point représenté, de se considérer comme l'organe politique du pays.

Ce gouvernement, chef de parti, ne tombera peut-être pas (voilà une hypothèse !) ; mais comment gouvernera-t-il dans cette union intime qu'il entretient avec les partis, dans cet accord immuable du cabinet et de la majorité ?

J'admets un instant que le gouvernement n'ait pas charge du progrès, que son office ne soit pas d'inventer et d'innover, que cette initiative doit être laissée à telle secte avancée, à tel parti hasardeux, très-capable de s'en acquitter. Mais il appartient, ce me semble, au gouvernement de se

comporter en arbitre, en modérateur des partis,
lesquels ne peuvent être abandonnés à leurs irritations et à leur entêtement. Il lui appartient en
outre de considérer dans la société non-seulement
les partis, qui sont chose plus ou moins factice
et éphémère, mais les classes, les intérêts, qui
sont des divisions réelles et durables. Il faut toucher à tout cela, y toucher avec équité et discernement. Il faut ne pas faire ces lois naïves de la
Restauration, où le législateur était éminemment
propriétaire et mettait un droit de 50 francs
par tête de bétail; ne pas faire non plus
cette loi du 2 juillet 1836, réduisant les droits
d'entrée sur *les chaînes en fer ou cables*, tandis
qu'elle maintient le droit antérieur sur *les faulx*,
une loi où l'on démêle trop clairement qui est
représenté au Corps législatif, et qui ne l'est
pas.

Tels sont les soins d'un gouvernement qui n'est
pas un parti. C'est ainsi qu'en usèrent Wellington
et Robert Peel, émancipant les catholiques d'Irlande, abolissant les lois céréales, sans le moindre
souci d'altérer et de désagréger les partis opi-
niâtres, la majorité compacte et hostile à ces mesures, qui les avait portés au pouvoir. Ces per-
sonnages seraient de trop, il n'y a point de place

pour eux dans l'esquisse du régime parlementaire
que je retraçais tout à l'heure.

Je vois encore dans cette esquisse un trait, un côté
regrettable, qui est l'intime union de la couronne
avec le cabinet. Mais alors comment s'exercera,
ou plutôt à quoi servira l'attribution royale, qui
est d'observer les partis dans le parlement même,
de prendre en considération leur état et leur force
mobiles, de tenir l'œil ouvert sur ces ébranlements
et sur les défections qui éclatent ou qui s'annon-
cent? Rien n'est si grave que ces symptômes :
l'histoire de certaines défections fameuses est celle
de nos révolutions. Elles n'ont pas besoin pour
porter ce fruit d'être fameuses et de s'appeler
Chateaubriand, Lamartine, Girardin. Il suffit que
le refroidissement et l'indépendance se répandent
parmi les assemblées et les fonctionnaires : un
gouvernement ne tient plus à rien, quand personne ne tient à lui : il est à la merci de tout accident.

Il ne périra pas sous les coups de ses enne-
mis, mais par la défection de ses partisans. Un
des premiers signes du mal, c'est le franc parler
qui se déclare parmi les fonctionnaires. Il leur
vient je ne sais quoi de leste et d'émancipé dans
l'appréciation des choses et des personnes offi-

cielles : ils y touchent avec indépendance, ce qui
ne lès empêche pas de toucher le reste. Sans brû-
ler ce qu'ils ont adoré, ils le marchandent, le
scrutent, font le départ du bien et du mal dans
la conduite des choses politiques, comme s'ils
n'avaient pas la moindre notion de dévouement,
comme s'ils ignoraient le mot de l'Écriture : « *Ne*
*jugez pas*..... » une maxime de Salomon, à l'usage
des fonctionnaires hébreux. Il leur échappe des
choses énormes sur le compte de leur gouvernement..... « Habile et vigilant, disent-ils, jusqu'à
tel moment ; inerte, mal avisé, malheureux depuis telle négociation ou telle expédition. » Quelques-uns répètent le mot de M. de Talleyrand, à
propos de la guerre d'Espagne : tous regardent
à l'horizon et s'orientent au dehors. Sur ce terrain, qui devient un rendez-vous fort recherché,
il s'établit entre d'anciens adversaires politiques
quelque chose d'unanime et de cordial pour reconnaître les fautes, pour les imputer aux personnes et pour en chercher le remède ou plutôt le
médecin.

Ceci, dites-vous, n'est de la part des fonctionnaires que courtoisie et tolérance, ce qui sied bien
au fort, au puissant. Pardon ; la tolérance en
matière politique ou religieuse, c'est l'indiffé-

rence. J'ajoute que ces gens pratiques ne s'en tiennent pas à l'indifférence ; l'habitude de servir le pays les a préparés de longue date à comprendre les *changements nécessaires*, à les servir, à les aider : un mot que j'emprunte à M. Beugnot et à ses mémoires candides, où on le voit comprenant tout d'abord, en 1814, la nécessité du gouvernement qui le faisait quelque chose comme directeur général.... c'est l'époque critique des gouvernements ; on n'est trahi que par les siens. Comment l'attitude et le langage du fonctionnaire n'auraient-ils pas une autorité décisive ? Chacun sait que plus on est près du soleil, mieux on en voit les taches et les éclipses imminentes. « *Pourvoyez-vous*, criait autrefois le capitaine des gardes, en jetant son épée dans le caveau sépulchral de son roi. » Voilà ce que signifie, avec infiniment d'autorité, ce langage indépendant et léger qui survient parmi les fonctionnaires ; et ce n'est pas le moindre service qu'ils rendent à leur pays, dans cette passion de le servir qui est inaltérable chez eux, dans ce patriotisme qui ne s'arrête pas aux formes et au personnel du pouvoir. Les craquements d'une majorité ne sont pas moins significatifs : la moindre oreille les eût entendus dès 1846. Quant aux fonctionnaires, il me souvient

que leur liberté de langage remontait à quelques
années plus haut.

Un cabinet, dans sa passion de durer ou dans
le lien de ses alliances, négligera peut-être ces
avertissements et poussera les choses à outrance.
Or, si la couronne est identifiée au cabinet, où
donc sera la clairvoyance? La couronne aura la
destinée du cabinet, si elle en a l'aveuglement. A
ce moment, c'est le salut qui fera défaut, de même
que tout à l'heure c'était le soin équitable et vigilant de tous les intérêts.

Il faut avouer que le régime parlementaire,
ainsi entendu, n'est pas un instrument de stabilité
ni de progrès. Il fera quelque bien, et même il en
a fait, ainsi que l'auteur des mémoires l'a fortement énuméré, mais sous l'influence de l'opinion,
et par le jeu naturel de la machine administrative, une machine montée et dressée de longue
date parmi nous, qui ne chôme jamais, qui son-
geait, même en 93, à la propriété littéraire, à la
voierie, aux cours d'eau.

Quant aux chefs d'un gouvernement parlementaire, leur inclination, leur déviation naturelle
est de n'y voir que le parlement, la tribune, la
proportion des partis et le chiffre des scrutins,
comme s'il n'y avait dans une nation que la cou-

ronne, les ministres, les représentants et même
les électeurs!! Je relève dans la polémique des
temps racontés par M. Guizot un mot qui est un
grief : *le pays légal*. Il ne faut pourtant pas que le
parlement où se font de grandes choses nous
masque une chose encore plus grande, qui est le
pays lui-même, le pays tout entier, et notamment
la capitale de ce pays, la capitale de l'esprit français, dont les jugements, dont les exécutions politiques, font autorité.

Si nous considérons uniquement les partis, et
si nous faisons du gouvernement un chef de parti,
n'est-ce pas réduire et compromettre le gouvernement? Outre les partis, il y a dans une société
des intérêts et des conditions très-complexes qui
demandent tous les soins de l'État et qu'on ne
néglige pas impunément. Que si le gouvernement, au lieu de veiller sur cet ensemble des
choses, dans l'oubli de toute personne, se con-
fine et s'abstrait dans la politique, il oublie là
toute une partie de ses devoirs. Et si, dans la
région politique où il s'absorbe, il a les passions d'un parti, s'il met la force du gouvernement au service de ses passions, il aura le sort
d'un parti, et sa défaite sera sans bornes. N'es-
pérez pas que la victoire fasse les distinctions

voulues, soit entre les institutions et les personnes, soit entre la personne du roi et celle des
ministres. Savez-vous comment elle entendra
l'inviolabilité royale ? Comme une immunité judiciaire, comme un sauf conduit, et rien de plus.

Les conflits sont inévitables dans un pays libre ;
se gouverner soi-même éveille dans une société
toutes les prétentions et toutes les rages. Il faut
donc un modérateur à ces luttes. Quelquefois,
c'est le cas en Angleterre, la règle et l'équilibre se trouvent dans les partis eux-mêmes, partis
aristocratiques et incorporés au sol. Parmi nous,
le modérateur, c'est uniquement l'État, par où il
lui appartient d'être supérieur aux partis, de n'en
adopter aucun et de les juger, de les modérer
tous : le gouvernement, parmi nous, est seul capable de cette fonction. J'ajoute que cette fonction
est la plus nécessaire de toutes ; à moins d'oublier
ce quelque chose qui s'appelle passion, la flamme
et l'ardeur qu'on reconnaît volontiers au tempérament français, qui éclate surtout dans cette capitale où se font et se défont les gouvernements,
où les forces vives de l'opinion se trouvent con-
centrées face à face avec toutes les forces du
pouvoir central. C'est cela surtout ce qui me met
en garde contre cette définition du régime parle-

mentaire, où apparaît une lutte organisée, un
conflit implacable, le choc éternel des partis.
Croyez-vous qu'on puisse tenir cette passion toujours allumée, toujours incandescente, et la réduire, quand elle sentira sa victoire, aux solutions moyennes et tempérées?

---

## SECTION IV

### DE L'INFLUENCE EXERCÉE PAR LE GOUVERNEMENT FRANÇAIS SUR LES ÉLECTIONS POLITIQUES, ET COMMENT CETTE INFLUENCE EXALTE LES PASSIONS RÉVOLUTIONNAIRES.

On ne croit pas avoir épuisé ce grand sujet, et
l'on prévoit mainte réplique aux objections qui
viennent d'être accumulées.

«Non, pourrait dire le cabinet du 29 octobre,
ma théorie et ma pratique du régime parlementaire n'est pas aussi étroite que vous la représen-
tez, bien que vous ayez eu la courtoisie d'éviter ce
mot partout. Non, je n'ai pas été le gouvernement
d'un parti, uniquement attentif à la fortune et à
l'entretien de ce parti.

J'ai répandu sur le pays de grandes lois qui en ont changé l'aspect, qui l'ont renouvelé corps et âme. J'ai commencé les chemins de fer, appelant à cette œuvre l'État, les compagnies et les localités, dans une proportion qui est demeurée exemplaire. J'avais fait avant cela les chemins vicinaux, sans quoi nos chemins de fer eussent été aussi improductifs, faute d'affluents, que les chemins de fer espagnols. Et j'avais débuté tout d'abord par faire des écoles. sans quoi rien ne vaut parmi les réformes et les mesures économiques ; car l'esprit, même l'esprit des masses, est l'instrument de production à considérer et à façonner entre tous.

« Vous plaîrait-il de considérer un progrès d'autre sorte, le progrès purement politique ? Rien ne s'y opposait dans notre doctrine. Nous n'avons jamais articulé que le droit politique, que le cens électoral fût chose immuable et permanente. C'était à nos yeux un article de législation variable, dès que ce n'était pas un article de la Constitution. Seulement, telle réforme qui semblait peut-être nécessaire à certain parti, à certains esprits, nous la jugions prématurée ; nous attendions qu'elle devînt la volonté expresse et formelle de la nation. Selon nous, ce progrès devait venir des minorités changées par le pays électoral en majorité; je n'ai jamais nié le rôle utile des minorités, des oppositions. Il y a sans aucun doute un arbitre, un modérateur dans le régime parlementaire. Je reconnais, ainsi que vous, la souveraineté de ce personnage, et je le place plus haut que vous ne faites, au-dessus du cabinet, au-dessus même de la couronne; je le reconnais et le place dans le pays lui-même, dans le sens et dans l'autorité de ses choix, au jour des élections. Que le pays ait une volonté, qu'il l'exprime, qu'il la personnifie... *Dicat et erii lex.* Jusque-là, nous ne devons rien aux minorités, rien à l'opinion du dehors, rien à des journaux, des coteries, des sectes qui n'ont pas fait leurs preuves de parti puissant et national, en conquérant la nation qui les écoute et les juge. L'appel au pays, la volonté du pays manifestée par ses choix à l'heure des élections, telle est pour nous la condition et la base du progrès politique. »

Soit! j'entends et j'admets la plupart de ces raisons. Mais laissez-moi remonter de vingt ans en arrière. Si par hasard le Gouvernement, avec les attributions qu'on lui connaît en ce pays centralisé, si le Gouvernement, dis-je, usait de son pouvoir pour agir sur le pays électoral, pour

gagner les meneurs électoraux?... Et, les élections une fois faites, s'il employait les séductions
dont il a la main pleine, à gagner les élus, à les
désarmer, à les convertir?... Cela est à prévoir, et
je me demande alors ce que devient cette volonté
du pays, cette puissance d'arbitre, cet oracle de
progrès ou de stabilité devant lequel nous nous
inclinons tous. Voilà une pratique où le pays,
principe de tout, est réduit à rien ; personnage
muet, effacé, travesti, ou source de pouvoir in-
terceptée et desséchée. Restent uniquement les
apparences d'un gouvernement libre. Il n'y a de
vrai que la colère des minorités, cherchant partout et redemandant au pays, par tous les moyens,
la force qu'il leur avait destinée par les moyens
électoraux, et qui a péri pendant l'opération électorale. Bref! si le Gouvernement fausse les élections, tout est faussé du coup : plus de pays
souverain, plus d'arbitre, plus de progrès. A ce
compte, le régime parlementaire serait la comé-
die et le roman de la liberté.

Mais les apologistes ne manquent pas au cabinet qui en usait de la sorte, et j'entends d'ici leur
protestation : « Nous n'avons pas faussé les élections, nos élections sont les plus probes dont
aucun pays libre ait jamais donné le spectacle. »

Je prends ceci pour une réponse, en souvenir, en considération des vices nécessaires qui sont mêlés partout aux meilleures et aux plus grandes choses maniées par les plus honnêtes gens. Je crois même que ce trafic de places et de distinctions offert soit aux électeurs, soit aux élus, est la moindre part d'improbité possible en fait d'élections ; cela est moins dégradant, après tout, que l'achat pécuniaire et direct des votes. Il y a plus : en fait, et à l'époque critique dont nous parlons, la majorité ne fut pas uniquement le fruit de ces opérations équivoques. Je pourrais citer tels élus pour l'opposition (j'en connais deux) qui la quittèrent, entraînés par l'éloquence du ministre dirigeant, par ses grands discours qui étaient des actes et des séductions de bon aloi. « Hier, me disait l'un d'eux, au lendemain d'une de ces grandes joûtes, M. Guizot a conquis le gouvernement : en tout cas, il m'a conquis. »

Maintenant, ce commerce a-t-il des suites telles que de dénaturer et d'obstruer la volonté du pays, le gouvernement de la nation par elle-même ? Cela n'est pas clair. Le cabinet qui avait fait ces fameuses élections de 46 pourrait dire que les moyens d'influence et de captation dont on lui reproche l'abus étaient aux mains des adminis-

trations antérieures, que toutes en disposaient,
que toutes en ont usé, et que jamais ces abus
n'empêchèrent la volonté du pays, quand c'était
une volonté forte et sérieuse, de paraître, de prévaloir et de se condenser en majorité parlementaire, soit celle qui vota en 1819 la loi fameuse
où la presse relevait du jury, soit celle qui en
1827 détermina la retraite du ministère Villèle,
soit celle qui, en 1830, s'expliqua, comme on sait,
avec une dynastie. Il n'y avait donc rien de national dans le progrès politique réclamé par l'opposition en 46 ; autrement la nation, nonobstant
les efforts administratifs, eût adopté ce progrès et
l'eût marqué, comme elle sait faire dans le cas
d'une conviction nationale, en nommant les pro-
moteurs de ce progrès. La majorité reparut
après ces élections avec le même esprit qu'auparavant ; ce que le *Journal des Débats* constatait
avec ivresse à chaque vote : « La loi d'un gouvernement libre, disait-il, c'est la loi des majorités ; or, nous l'avions l'an dernier, et nous
l'avons encore aujourd'hui ; à chaque vote nous
la retrouvons ; en toute épreuve elle est pour
nous. Vos efforts sont vains, votre défaite incu-
rable ; comptons-nous et montons au Capitole. »
C'était aller un peu vite. Sur tout cela il convient

d'observer deux choses. Qu'un gouvernement
agisse sur les élections en promettant les places
dont il dispose, je n'appellerai cela, si l'on veut,
ni vénalité ni corruption ; mais le danger est que
le gouvernement, agissant comme un parti, en
assume l'odieux et pourrait bien en avoir le sort.
Où la haine des partis s'arrêtera-t-elle, soit pour
venger des échecs, soit pour profiter de la victoire, quand elle aperçoit une chaîne non inter-
rompue et solidaire entre les majorités, les ministres et la couronne ?

J'entends dire en second lieu que le jugement
électoral de ce pays ne peut être faussé d'une
manière durable, et que, si le pays a quelque opinion, quelque idée tenace et profonde, elle pré-
vaudra toujours sur les influences officielles,
comme en fait elle a toujours prévalu. Oui, mais
au prix de quelle lutte, de quel embrasement des
esprits ! Pouvez-vous en mesurer les suites ? Est-
il prudent d'affronter et de prolonger ainsi ces
irritations ? Croyez-vous que le cabinet du 29 Octobre n'ait pas porté la peine d'une résistance
obstinée, démesurée ? C'est un jeu à tout perdre
en ce pays passionné que de laisser venir la
passion, et de l'attiser dans des conflits sans fin
ou du moins sans juge prochain et réel. Autant

vaudrait à ce compte un régime personnel ; car
les gouvernements de cette sorte finissent à la
longue par ressentir tout comme les autres l'empire de l'opinion. A quoi bon un régime parlementaire qui serait conçu comme un obstacle
solide, comme un barrage permanent à mettre
devant l'opinion ? Ces qualifications n'ont rien
d'outré, si les meneurs de ce régime entendent
agir par tous moyens, oratoires ou autres, non-
seulement sur les scrutins du parlement, mais
sur le jugement électoral du pays. On sait bien
que l'opinion est la reine du monde et finit par
s'imposer tôt ou tard. Méfiez-vous toutefois des
victoires tardives de l'opinion. Ici le temps fait
quelque chose à l'affaire, parce qu'en prolon-
geant les conflits, il les passionne, et qu'en les
passionnant il communique aux solutions la violence qui est dans les esprits. L'opinion est une
puissance partout et toujours : elle l'était parmi
nous, même avant 89 : elle l'était en Russie,
même en 1812, même dans les camps, où elle
força l'empereur à quitter l'armée embarrassée de
sa présence qui rendait cinquante mille hommes
indisponibles. Si le régime parlementaire a un
avantage sur tous les régimes passés ou présents,
c'est d'exprimer plus tôt cette opinion et d'en

porter témoignage plus fidèlement , plus impérieusement devant les pouvoirs établis. Mais encore faut-il qu'il puisse faire son office et que
ces pouvoirs ne prennent pas à tàche d'éteindre
ou de dénaturer les produits de l'opinion. Car
alors naissent des luttes irritantes et implacables
où la constitution sera violée par les uns, pour
avoir été faussée par les autres. « Je ne sais comment cela finira; je crois que nous nous pren-
drons aux cheveux, » me disait tristement un
secrétaire de la Chambre, un membre de la majorité, quelques jours avant la révolution de
Février.

Ainsi, lutte acharnée des partis, et parmi ces
partis le pouvoir exécutif tout entier, soit sur le
terrain parlementaire, soit sur le terrain électoral; tels étaient l'aspect et la chance des choses peu avant 48.

« Oui, pourrait dire l'auteur des mémoires, la passion parlementaire était violente, et je ne prétends
pas dire que les ministres ou leurs partisans fussent
étrangers à cet excès. Cependant nous avons été
maîtres de nos passions, nous les avons soumises
au frein constitutionnel, nous avons respecté les
lois; mais vous les avez violées, vous.... renversant par une révolution un cabinet que vous pou-

viez un jour ou l'autre congédier par un vote ;
renversant du même coup une dynastie d'origine libérale, l'espoir de la France, forte de
ses germes et de ses rejetons, *matrem filiorum
lætantem...* ce qui est à considérer dans ce pays
stérile en institutions, et voué à ces gouvernements personnels où tant vaut la personne,
tant vaut le gouvernement. Etais-je impopulaire?
Je commence et j'aime à le croire. Mais ce n'était
pas une cause de révolution suffisante. Où sommes-nous, en France ou au Mexique? Dans un
pays de fièvre et de fantaisie torride, ou dans
celui qui vit éclater 89 lentement couvé pendant
des siècles, et qui pourrait bien accorder à l'assiette, à la fructification de ces principes quelque
patience, quelque répit? Franchement la chose
en vaut la peine, une chose qui n'est pas moins
que la liberté, c'est-à-dire l'honneur même pour
les nations adultes? Quel que soit le prix de cette
noble chose, il faut la payer aux deux, comme dit
Sylla; tantôt en souffrances aiguës, tantôt en at-
tentes pénibles et prolongées. Voyez donc les
Anglais! Quelle patience ils y ont mise, outre leur
aristocratie !

«Cette liberté qu'ils ont maintenant, ce droit
suprême et incontesté de la nation, ils l'ont ac-

quis lentement pendant tout le siècle dernier ; ils
l'ont acquis par une patience qui ne s'est jamais
lassée, ni pendant les vingt ans que dura Wal-
pole, ni pendant telle autre administration,
déplaisante et impopulaire au plus haut point,
comme celle de lord North, ou celle de lord Bute.
Véritablement ce pays avait le droit de dire qu'il
s'ennuyait ! Il ne songea pas néanmoins au passe-
temps des révolutions. Tout comme il supporta
de mauvais ministres, il eut de grands ministres qui supportèrent telle royauté mauvaise et
égarée, celle par exemple de Georges III, un
bigot, qui devait finir en idiot, et qui en attendant
refusait au grand Pitt l'émancipation des catholiques irlandais. Telle fut l'épreuve et l'apprentissage de la liberté britannique. Pas à pas, sans
violence ni convulsions, la société anglaise com-
prima ses rois, réduisit le trône, et remplit de
ses mandataires, à elle, les conseils de la couronne. Croyez-vous qu'à cette œuvre l'Angleterre
fut sans luttes et sans passions ? Pas le moins du
monde ; tout cela se rencontrait au plus haut degré parmi nos voisins, mais dans des l'mites et
avec les façons d'un tempérament plus calme,
d'une aristocratie qui était la classe po'itique du
pays, d'une race surtout qui avait fait ses révo-

lutions pour cause religieuse, une cause où l'on peut soupçonner l'empire des facultés morales et prévoyantes. De sorte que cette nation qui dominait ses rois, était capable de quelque domination sur elle-même. Quant à nous, dit l'auteur des Mémoires : « Nous avons trop et trop tôt compté sur le bon sens et la prévoyence politique que répand la longue pratique de la liberté ; nous avons cru le régime constitutionnel plus fort qu'il ne l'était réellement ; nous avons trop exigé de ses éléments divers, royauté, chambres, partis, bourgeoisie, peuple ; nous n'avons pas assez ménagé leur caractère et leur inexpérience. Il en est des nations comme des individus : les leçons de la vie virile sont plus lentes et coûtent plus cher que ne l'imaginent les présomptueuses espérances de la jeunesse. »

## SECTION V

### DES ÉLECTIONS ANGLAISES : LE GOUVERNEMENT ANGLAIS NE S'EN MÊLE PAS.

Mais il me semble que nous voilà bien haut, emporté sur l'aile d'un grand esprit ; bien loin surtout de cette question électorale, où tout à l'heure nous nous étions arrêté, pour savoir si ce pays pouvait être libre et stable sous un gouvernement qui se mêle d'élection avec la force d'un pouvoir français et centralisé, avec la passion d'un parti. Aussi bien, puisque l'Angleterre nous est proposée en exemple, c'est le cas de rechercher comment elle fait ses élections, comment toutes choses se comportent et se limitent à ce moment où jaillit la source des pouvoirs. Il faut dire tout d'abord une chose étrange.

Là, le gouvernement est étranger aux élections, lesquelles se débattent uniquement entre les partis : carrière ouverte, il faut l'avouer, aux corruptions à prix d'argent, aux brutalités impunies, aux scènes d'ivrognerie et aux déclamations en plein vent. Le gouvernement a deux bonnes raisons de ne pas agir : il n'est pas en cause, et il est sans moyens d'action, comparables du moins à ceux dont dispose un gouvernement français. Voilà donc l'élection faite, avec fracas et improbité ! Maintenant voyons les suites, c'est-à-dire l'élu et ses projets, sa conduite, ses ambitions. Ici reparaissent l'ordre et l'apaisement. Ce mandat, disputé et arraché avec tant de scandale, n'est jamais un mandat subversif. Ces partis, si bruyants à l'élection, ne laissent pas que de vouloir et de nommer des mandataires circonspects et modérés. Et cela par plusieurs raisons :

1° D'abord ils n'ont pas à traiter, à remettre en question certains points qui sont acquis et résolus à jamais : dynastie, papisme, souveraineté financière du Parlement.

2° Les élus appartiennent à la même classe, qui est la classe élevée, aristocratique : par où les personnes se connaissent et ne sauraient entretenir sérieusement des méfiances profondes : par où principalement ils portent en eux quelque chose de stable et de tempéré, nul intérêt au bouleversement.

3° La grande attention de ces partis, ou plutôt de ces classes dominantes, est de conserver leur ascendant sur les autres classes, d'en éviter la réprobation, d'en ménager avec vigilance les sympathies. Cette aristocratie concède tout, rend tout, plutôt que d'affronter ce scandale et cette terreur qu'elle appelle la scission des classes. Robert Peel avait de mortelles hésitations en face de l'Irlande catholique à émanciper ou à comprimer. Savez-vous d'où lui vint la lumière? D'une certaine élection dont le détail remplit presque un volume de ses mémoires; l'élection du comté

de Clare où O'Connell l'emporta sur Fitz Gerald,
où fermiers et tenanciers catholiques votèrent
autrement que leurs propriétaires protestants.
Dans cet antagonisme de religion qui brisait le
vasselage, il aperçut et prévit l'antithèse de
riches et pauvres. Son parti fut pris en conséquence : « Un ministre de la couronne, dit-il, responsable de l'ordre et de la prospérité publics,
doit prendre en sérieuse considération la fièvre
d'excitation politique et religieuse qui *avait inspiré
aux serfs de Clare l'énergie et la résolution d'un
homme libre.* » Rien n'est plus grand que l'ordre
maintenu à ces conditions, que la suprématie
d'une caste assurée par sa justice.

C'est ainsi que se passent les élections politiques en Angleterre : négligées par le gouvernement, maniées uniquement par les partis, mais
avec la modération aristocratique qui distingue
les meneurs de ces partis, et sur le fond solide
d'une société qui a trouvé son assiette définitive.
J'insiste sur ce point que le gouvernement est
étranger aux élections, avec cette conséquence
qu'elles sont livrées aux partis, et qu'aucun parti,
n'ayant rencontré le gouvernement dans la lutte
électorale, ne peut le considérer comme ennemi, et
poursuivre contre lui les résultats de sa victoire.

## SECTION VI

S'IL Y A DES RAISONS PARTICULIÈRES EN FRANCE POUR QUE LE
GOUVERNEMENT SE MÊLE D'ÉLECTIONS.

Telle est la Grande-Bretagne dans la turbulence
de ses opérations électorales et dans le produit
inoffensif de ses luttes, où le pouvoir exécutif ne
s'est pas commis et ne peut recevoir ni échec ni
blessure. Mais nous est-il donné d'imiter cet
exemple? Le pouvoir exécutif peut-il avoir parmi
nous l'indifférence, la neutralité qu'il observe
chez nos voisins?

Ici, les négations abondent, éclatent. Comment! nous sommes un pays où le principe du
gouvernement est mis en question, où les bases
de la société sont révoquées en doute, où la
querelle du capital et du travail est flagrante....
Et le gouvernement, qui défend tout en se dé-
fendant lui-même, ne paraîtrait pas aux élections! Voulez-vous donc des élus qui s'en prennent au principe même d'autorité, à la propriété
héréditaire, à la sécurité sociale? Sachez-le bien,
l'alliance est naturelle entre les classes qui ont

tout à perdre et le gouvernement qui peut tout sauver. Il faut pardonner à tant de choses précaires, qui devraient être des choses respectées et consacrées, de chercher leur salut comme elles peuvent, mettant en commun, soit leurs intérêts également menacés, soit leurs forces de gouvernants et de capitalistes, également nécessaires pour faire obstacle à des élections, et finalement à des lois de perdition sociale.

Prenez-y garde, dirai-je aux inventeurs de cet argument : la France est-elle réellement un pays où le gouvernement et la propriété fassent question? Êtes-vous bien sûr que telles soient parmi nous la rouerie et la déviation des intelligences?

Si oui, c'est vous qui l'avez dit, ce pays est indigne et incapable de liberté. Ne touchez pas à ses élections, supprimez-les ; gardez-le à vue, liez-le solidement, coupez-lui la langue surtout : car il n'a de forces que pour le mal, des forces dépravées dont le bon plaisir, sous l'étiquette de liberté, serait d'attenter sans fin aux pouvoirs et aux fortunes. Souhaitez-lui un tyran, je ne dis pas même le bon tyran de Platon, car tout vaut mieux que cette dissolution innée, cette anarchie permanente.

En sommes-nous là maintenant, et méritonsnous ce régime? J'en doute fort. En tout cas, nous n'en étions pas là, lorsque la révolution de Février éclata.

Le fait est qu'à cette époque le gouvernement n'était plus menacé, la société encore moins. Il se faisait une certaine pacification dans les esprits, on désarmait, on s'apaisait. J'en rapporte deux preuves; d'abord cette question tant débattue de la réforme, non moins insignifiante que passionnée. Il faut bien que les partis se prennent à quelque chose et déploient des griefs, un drapeau. Mais, cela admis, ils ne pouvaient en vérité être plus dynastiques et moins révolutionnaires qu'avec cette modeste prétention de créer dix-huit mille électeurs. A vrai dire, ils étaient en pleine désespérance, en pleine dissolution : et ce travail n'était pas de la veille. — Ensuite, je rappelle ces lois de septembre inventées pour la défense du trône et de la société, lois qui furent à peu près sans application, laquelle apparemment n'était pas nécessaire, pas provoquée par la polémique des partis.

Les meneurs républicains et socialistes avaient pris leur place, et une place selon leur mérite, dans le gouvernement ou dans la société. On parle ici avec quelque certitude de choses qu'on a vues, de personnes avec lesquelles on a été fort lié, et dont on savait au juste les affaires, l'état d'esprit, le degré d'ambition. Ne croyez pas à une ambition diffuse dans ce pays : rien n'est rare comme une grande visée de gloire et de pouvoir. L'ambition, qui oblige encore plus que la noblesse, qui oblige au travail, à la persévérance, à l'ennui, est un péché mortel dont très-peu sont capables. Tout s'apaisait à la tête de partis qui avaient semblé longtemps hostiles et implacables. Il faut marquer ici une date et un fait : la date de 42 et le fait de certaines associations qui s'étaient nouées en vue des élections. Comme elles faisaient mine de survivre aux élections, le gouvernement fit mine de leur appliquer la loi de 34 contre les associations. Il n'en fallut pas davantage pour les disperser. Tel qui s'y montrait fort zélé ne fut pas celui, et retourna dans son département, à ses affaires, passablement réconcilié avec l'état social, le gouvernement et le préfet : quelques succès de tribune, des admirations de tout sexe, l'urbanité prise pour de la considération, les adversaires vus de près et mieux évalués, avaient détrempé le démagogue : tel autre avait devant lui les horizons d'un grand écrivain, le jugement des libraires et pour cinq cent mille francs d'ouvrages à livrer; tel autre enfin dirigeait un grand

journal d'origine anti-monarchique, mais avec
un succès d'amour-propre qui l'émoussait sensi-
blement, avec des relations qui l'éclairaient et le
calmaient. Et voilà comment s'éteignent les boute-
feux ! J'ai le souvenir très-distinct que le *National*, au matin du 24 février, demandait la
Régence, uniquement la Régence.

Il y avait d'autres dissidents sans doute, et l'on
a de bonnes raisons pour ne pas les omettre. Ils
étaient dispersés dans l'industrie, l'agriculture,
les départements, en travail d'une fortune à faire,
d'une candidature à poser; apprentis députés,
faisant leur éducation au spectacle des faits, au
bruit de la tribune, dans les petites affaires locales, quelquefois (tout arrive) dans une étude
réelle de l'histoire, des finances, des statistiques.
Républicains, ils ne cessaient pas de l'être, ou de
le dire du moins, l'ayant dit une fois (certaines
personnes mettent l'honneur au-dessus de la vérité); mais ils rêvaient une transaction, celle par
exemple d'un prince d'Orléans appelé au trône pour
ses mérites seulement, et en dehors de l'hérédité
monarchique, arrivant la mort du roi Louis-Phi-
lippe; transaction où ils restaient fidèles à la république, qui est l'éligibilité du pouvoir exécutif et
rien de plus. Ils avaient fini par comprendre que

leur tendresse individuelle pour cet état de choses ne suffisait pas à le fonder ; que le concours du pays était nécessaire, et que rien n'était possible de ce côté si le pays résistait par d'incurables souvenirs à ce qui devait faire son bonheur.

Voilà où en étaient, peu avant 48, les partis les plus avancés ; ayant perdu leur état-major par défection ou par abstention, ébranlés dans leur foi, réconciliés et apaisés dans la personne de leurs chefs apparents, n'ayant plus ces habitudes de réunion et de concert régulier qui groupent les hommes, qui les préparent à l'action. Ces agresseurs usaient une vieille polémique à laquelle ils ne tenaient plus, une polémique de tradition plutôt que de conviction. D'autres (qu'on me passe un souvenir tout personnel) faisaient œuvre de socialisme, et s'en prenaient à certains abus, d'autant plus hardiment que les choses mêlées de ces abus leur semblaient solides et inébranlables.

Ainsi, les attaques n'étaient pas des menaces, et les menaces, en tout cas, n'étaient pas des périls. Restaient seulement certaines témérités de controverse inhérentes à l'esprit français, certains sectaires sans prestige et sans danger. Je n'ai pas connu, à cette époque, plus de trois théoriciens du *communisme :* je ne les nomme pas, parce que leur nom ne rappellerait rien à personne, tant ils étaient inaperçus et inefficaces. Je veux parler de cette arrière-queue des partis dont la menace est vaine, dont la substance est nulle, dont la victoire même n'a pas de suites, ainsi qu'on l'a vu en prairial an IV et au 15 mai 48, une victoire qui fond et se dissipe d'elle-même comme une déroute. M. Thiers, à propos de la journée de prairial, a bien exprimé cette impuissance qui marque la fin des partis, ce souffle usé, ces chefs qu'on ne trouve plus pour des idées qui s'en vont désespérant ou rougissant d'elles-mêmes.

Une société peut vivre avec des sectes antisociales et des partis antidynastiques, tout comme elle subsiste en présence de ce qu'on appelle les *classes dangereuses ;* elle n'a besoin pour en faire justice ni de violer ni de fausser les lois : il suffit que ces sectes et ces partis soient une infime minorité, une exception rare et clair-semée, comme celle des infracteurs du Code pénal.

## SECTION VII

### DES CAUSES DE LA RÉVOLUTION DE FÉVRIER
### ET DU RÉGIME PARLEMENTAIRE.

Cela entendu, tout s'embrouille et s'obscurcit :
on ne comprend plus rien aux événements dont
nous avons été témoins. En effet, si ce pays était
sans passion révolutionnaire, pourquoi a-t-il fait
ou laissé faire une révolution ? Parce que, si la
passion n'était pas dans le pays, elle était dans le
Parlement aussi véhémente, aussi caractérisée
que possible entre deux partis dont l'un était le
gouvernement. Le vice du régime parlementaire,
tel que nous l'avons vu pratiquer de 1830 à 1848,
était ceci : le gouvernement semblable à un parti,
identifié à un parti par la passion de sa conduite
et de son langage. L'opposition était une minorité considérable et croissante, avec des griefs
ardemment ressentis. Or il faut de grandes majorités dans un Parlement dont la base électorale
est étroite. Autrement cette assemblée représen-
terait bien peu de chose, représentant un peu
plus de la moitié d'un corps électoral, qui n'est
lui-même qu'une petite fraction du pays. En pa-

reil cas de grandes majorités sont nécessaires,
tout comme la richesse de la rime est indispen-
sable au vers romantique, qui à sa manière aussi
néglige le nombre. Les antipathies de personnes
et de partis étaient profondes dans ce Parlement
divisé en deux fractions presque égales, dont
l'une triomphait avec ivresse dans ses discours et
dans ses journaux, dont l'autre, si près du triom-
phe, le voyait fuir devant elle d'année en année
avec une indicible irritation.

De là deux graves conséquences : d'abord un obstacle invincible à ce que les députés se réunissent
hors du lieu de leurs séances envahi, pour s'entendre, pour rétablir le règne des lois et relever
la monarchie, dont la plupart étaient partisans,
même parmi ses adversaires. En second lieu, les
passions, les entreprises du dehors qui ne peuvent
manquer dans un grand centre politique, et qui
se recrutent comme on sait parmi les aventuriers
d'une capitale, composaient des groupes peu nombreux, peu prestigieux, mais appuyés sur quelques
rares parlementaires demeurés hostiles et implacables au principe même de la monarchie.

D'autres causes encore firent cette révolution :
les hasards les plus malicieux s'accumulèrent à
souhait pour exaspérer et ruiner tout.

Tantôt c'est un officier qui commande le feu un certain soir sur des foules qui n'avaient encore rien d'agressif; tantôt c'est un autre officier qui ne le commande pas sur une foule séditieuse, sur une émeute flagrante et armée jusqu'aux dents; tantôt des régiments entiers, infanterie et cavalerie, qui étaient aux abords de l'Assemblée, pour la garder apparemment, oublient totalement cette précaution, et laissent circuler, laissent pénétrer quelques centaines d'envahisseurs, qui n'eussent pas eu la force ni même l'idée d'aborder un barrage, un cordon de troupes sur un pont, mais qui ont la vertu, une fois arrivés au lieu des séances, de licencier l'Assemblée, de détruire un gouvernement, et d'obliger la France à recommencer une série d'expériences où le pouvoir absolu a son heure marquée, son rôle fatal et nécessaire, qu'on n'abrége pas à volonté.

« Mais le pays, direz-vous, que faisait le pays pendant ces orages qui ne partaient pas de ses flancs, qui usurpaient son nom, qui n'agitaient que sa surface? Pourquoi n'a-t-il pas eu une volonté pour tout conserver, pour tout raffermir en cet ébranlement? Pourquoi ce complice des passe-temps d'une folle capitale?»

De quel pays me parlez-vous? Est-ce du pays

légal? Eh bien, c'était peu de chose: et la Chambre le représentait à peine avec sa petite majorité parlementaire. Ce peu de chose d'ailleurs était dispersé dans les 85 départements, loin de l'endroit critique, du chef-lieu brûlant, où se font et se défont les gouvernements. Me parlez-vous du pays très-réel, très-abondant, et nullement dépourvu d'intelligence, qui restait en dehors de l'électorat? Ce pays, je le compte pour beaucoup; mais c'était un étranger à l'égard des pouvoirs publics et du gouvernement. C'est pourquoi il n'a pas pris à cœur la restauration de ce qui tombait. Quand un peuple ne s'appartient pas, quand il n'est pas en possession de lui-même et de ses destinées par une action forte, régulière et consciente, on peut lui changer son gouvernement sans qu'il résiste. Il se laisse révolutionner du même fond qu'il se laisse gouverner, et la faute en revient tout entière à ces gouvernements qui, dans leur passion d'être supérieurs au pays, deviennent en quelque sorte extérieurs au pays, — des étrangers à force d'être des maîtres, — destinés par là, un jour ou l'autre, à ne pas plus y trouver d'appui et de résurrection qu'ils n'y ont trouvé de résistance et de contrôle.

« Non, direz-vous, je ne me paye pas de cette ré-

ponse; car on a vu des nations aimer des gouvernements où elles n'avaient nulle part, et porter
à ces gouvernements estime et confiance, quelquefois même sympathie et admiration, pour leur
manière d'être absolus, pour l'usage qu'ils sa-
vaient faire de leur dictature. Il y en a maint
exemple dans notre histoire; celui entre autres
du Consulat, dont la popularité ne peut être mise
en doute. D'où il faut conclure qu'un pays saura
bien relever son gouvernement, dès que ce gouvernement lui est agréable, le venger d'une sur-
prise et faire bonne justice d'un soulèvement de
la rue ou d'une intrigue de palais. Allez donc
jusqu'au bout, et dites-nous, si vous le savez,
pourquoi cette chute fortuite a été une chute définitive et sans retour. »

Je voudrais bien ici, sans m'expliquer autrement, renvoyer le lecteur à un livre de M. Lamartine : l'*Histoire de la Révolution de Février*, qui
n'est pas de ses meilleurs, mais où se trouve une
fort belle page sr. les mérites du gouvernement
de Juillet et de la dynastie qui monta sur le trône
en 1830.

L'énumération est complète, l'éloge est détaillé, ou plutôt justice est rendue avec abondance
et complaisance à ces princes d'un tel avenir, et

qui venaient de tomber pour si peu ; mais j'appelle l'attention du lecteur sur le dernier trait de ce tableau : « A tout cela quelque chose manquait, la grandeur. »

Soit ; mais parmi les gouvernements qui vinrent après celui-là, qui donc a eu de la grandeur, ou qui donc ne l'a pas perdue, laissant tomber la France au-dessous du point où il l'avait élevée, au-dessous même du point où il l'avait trouvée, dans le regret mélancolique des traités de 1815. On se propose de considérer cela avec la dernière franchise.

Mais on en manquerait tout d'abord, si l'on ne reconnaissait quelque chose de grand, puisqu'il est question de grandeur, dans la manière dont le chef de ce gouvernement essuyait le feu de ses assassins ; tantôt poursuivant, ni rouge ni pâle, la revue qu'il avait commencée ; tantôt même grâciant l'assassin. Vous me direz que ce gouvernement aurait pu faire la guerre de Crimée en 1840, qu'il y était convié par le cabinet anglais, qu'il a manqué là une occasion de relever la France, d'illustrer son drapeau et de rajeunir la victoire parmi nous par quelques batailles gagnées à côté de l'Angleterre, ce qui est une revanche en quelque sorte. Il est assez difficile de

savoir si ces allégations sont exactes. Mais encore
une fois examinons et comparons; on ne juge
pas les choses en elles-mêmes et à les considérer
isolément.

Ce gouvernement de Juillet ne fut pas seul à
manquer les grandes occasions au dehors. Pas
plus tard que l'an dernier, pendant les conflits
allemands, nous avions une occasion inouïe d'aller jusqu'au Rhin, que nous avons négligée et
perdue sans retour; laissant faire, à côté de nous,
l'Allemagne, qui voudra peut-être aller jusqu'aux
Vosges. Je nomme seulement l'expédition du
Mexique.

Quant à la République de 48, elle manqua l'occasion d'une guerre en Italie, où tout était souvenir et présage de victoire. C'est une politique
qui fut vivement débattue dans les conseils de ce
gouvernement. « Il ne dépend pas de nous, disaient
quelques républicains, de faire de bonnes finances,
de commander au crédit, de rassurer les intérêts;
mais nous pouvons assurément gagner une bataille en Italie. Les meilleures intentions ne suf-
fisent pas pour convertir les capitalistes à la République; mais avec une bonne armée, on a la
victoire. A l'armée, en Italie, sur un champ de
bataille, notre nom et nos souvenirs sont pour

nous : la République a toujours su porter le drapeau et tirer l'épée de la France. S'il y a chance
pour nous de restaurer la République, c'est de
l'illustrer et de retrouver ses victoires. » Mais
d'autres idées prévalurent.

Ce fut donc un gouvernement comme un autre
dans sa conduite au dehors, que ce gouvernement
de Juillet.

Encore une fois, pourquoi donc le pays ne
l'a-t-il pas relevé ?

Vous en demandez trop au pays, qui n'avait
ni caste ni ordre pour parler ou agir en son nom
avec quelque force collective et imposante. Songez
donc que 100,000 hommes en Algérie, commandés
par un fils de roi digne de cette armée, estimèrent
l'aventure au-dessus de leurs forces. En tout cas,
vous m'en demandez beaucoup. Cette histoire a été
faite et parfaite (ceci est une allusion au *Gouvernement provisoire* par Daniel Stern). On n'a pas
le projet de la raconter à nouveau ; on voudrait
seulement marquer dans cet événement ce qui
appartient au régime parlementaire ou plutôt à la
conduite accidentelle de ce régime. Que cette conduite ait été pour quelque chose dans l'événement
de Février, cela ne prouve pas qu'il fut inévitable
et nécessaire pour réparer les fautes de ce régime ;

on touchait au moment de tout réparer le plus régulièrement du monde. Encore un peu de patience, et sans même qu'il fût besoin d'élections nouvelles, la majorité se défaisait, le cabinet suivait la majorité, le progrès politique reprenait sa marche. Une adjonction de 18,000 électeurs faisait l'affaire et suffisait au modeste progrès dont on se contentait alors, au lieu de cette invasion du suffrage universel.

J'ajoute que, si le régime parlementaire a été mêlé par quelque faute à la révolution de Février, il n'y a pas lieu d'en accuser ce régime en lui-même. Avant de le condamner sur ce chef, il faut voir si ce régime porte en lui-même le vice générateur des révolutions, ou s'il ne fait que les rencontrer et les subir. Il faut voir ensuite si telle autre forme de gouvernement serait plus résistante et s'est montrée plus heureuse à cet égard. C'est un point délicat entre tous, qui vaut la peine de s'y arrêter avec détail et avec insistance.

## SECTION VIII

D'UNE CAUSE PRINCIPALE DE LA RÉVOLUTION DE FÉVRIER, QUI
EST UN VICE DU PRINCIPE MONARCHIQUE.

Puisque les révolutions sont le mal français, il
convient peut-être de juger nos formes de gouvernement d'après le plus ou moins de sûreté
qu'elles offrent contre les révolutions. Vais-je instituer pour cela un parallèle régulier entre le
régime parlementaire, la république et la monarchie responsable sous laquelle nous vivons?
Le lecteur m'en dispensera peut-être.

La république n'est pas en cause, ne paraît pas
prochaine et imminente : inutile de la juger.
Qu'elle comporte plus ou moins de révolutions,
d'instabilité ; qu'elle puisse un jour corriger tout
cela en le prévoyant et en le réglant ; qu'elle
réussisse tôt ou tard à mettre dans les institutions
et dans les mœurs ce renouvellement de dynastie
qui éclate dans les faits, cette élection du pouvoir
exécutif qui figure dans notre histoire depuis
quatre-vingts ans, et qui est le grand trait de la
république... la question n'est pas là pour le

7

moment. La question actuelle et précise est de
savoir si la monarchie parlementaire porte en
soi plus de révolutions que la monarchie responsable.

A cela je réponds que les révolutions de Juillèt
et de Février ne sont pas l'œuvre du régime parlementaire, mais bien l'effet direct et nécessaire
du vice qui réside en toute monarchie. Ce vice,
absolument inaperçu jusqu'à ce jour (on dira
tout à l'heure pourquoi), c'est ia permanence de
la fonction monarchique, exposant les peuples à
la vieillesse des rois : *Quidquid senescunt reges
plectuntur Achivi.*

Voyez donc ce roi, longtemps habile et heureux, qui dans la détresse de l'âge change ses
ministres en face d'une émeute grondante, qui
abdique devant le progrès de l'émeute, et qui
prend ce moment, cet *interim*, ou plutôt cet
écroulement de tous les pouvoirs, pour transmettre le sien à une femme et à un enfant!!

La vieillesse ou l'infirmité royale n'a pas d'âge
précis et climatérique. On peut dire qu'elle parut
chez Louis XIV à quarante-huit ans, à l'âge
où il entreprit d'épouser M^me de Maintenon,
d'incommoder l'Allemagne par ses incaméra-
tions, de bâtir à outrance, et surtout d'obliger

ses sujets à prier comme lui, commençant contre
deux millions de calvinistes une guerre civile
de dix-neuf ans. Effets de vieillesse anticipée!
premiers signes d'un esprit qui se borne et
s'abîme en lui-même! Tout déclinait en lui à
cette époque, à tel point qu'un historien célèbre et sérieux a distingué deux époques, deux
manières dans ce monarque, celle qui précède et
celle qui suit la fistule. Cette vieillesse et celle de son
successeur, avec des vices bien différents, empor-
tèrent les vieux Bourbons. Quant à la monarchie
de Juillet, elle a succombé sous la vieillesse d'un
autre Bourbon; voilà le fait. Une révolution a
éclaté, inutile et prématurée, parce que le roi
était vieux, parce qu'il ne sut ni la prévenir par
des réformes, ce qui était son devoir, ni la réprimer par les armes, ce qui était son droit.

Ce pays est. dit-on, fort épris de royauté : un
sentiment très-véniel. Mais je le prie bien de
me dire ce que l'on fait des vieux rois, et de
prendre en considération le péril capital de
ces vieillesse couronnées jusqu'au bout. Tout
est mal qui finit mal, surtout quand les com-
mencements eux-mêmes sont alarmants et sca-
breux au plus haut point. Voilà, ce me semble, un point d'histoire qui vaut la peine d'être

étudié sous tous les aspects. On est d'accord sur le mal des régences et des minorités ; mais je ne sache pas qu'on ait encore remarqué celui des longs règnes et des monarques survivant à leurs qualités, à leurs forces, à leur fortune, à eux-mêmes enfin. Ce serait peut-être le cas, sur une question aussi neuve, de ne rien hasarder et de consulter des autorités respectables : la nature, l'histoire, le droit commun, l'expérience contemporaine.

En fait, ce mal des royautés sempiternelles et fainéantes ne paraît guère dans nôtre histoire. On s'use vite sur ce trône de France ; on contracte volontiers, pour parler comme font nos lois, des infirmités dans cette fonction ; et l'on y meurt sans avoir épuisé l'âge viril. Savez-vous pourquoi la monarchie a duré si longtemps parmi nous? Par la vigueur et l'activité des monarques. Elle a péri après deux vieillesses royales pleines de misères et de honte, où la nation la plus monarchique du monde avait pu contempler à loisir et toucher du doigt la vanité de ces fétiches et l'argile dont ces idoles étaient faites des pieds à la tête.

Il se passait bien d'autres choses sûrement dans l'âme des peuples pour les émanciper ; mais la royauté a tout mûri, en vieillissant, en pourrissant sur le trône : s'y endormir suffirait, comme faisait Louis XV, tandis que l'Europe se partageait la Pologne.

Une fonction permanente, cela est contre nature, car qui dit fonction dit capacité ; or, la capacité n'est pas chose qui dure autant que l'homme. Il vient un âge où tout ce que nous pouvons faire, c'est de vivre, et encore avec une difficulté croissante. Quand un homme en est là, ne lui demandez pas de régner, encore moins de gouverner, c'est-à-dire d'être toujours actif, toujours lucide, toujours concluant et résolu, quand la langueur, la douleur même, a gagné sa vie et ses os (*inveteravit ossa mea dolor*, disait un vieux pécheur couronné) ; quand les épines de quelque névralgie disputent son attention aux épines du gouvernement ; quand son intelligence a pris des habitudes et des préjugés par où il est impropre aux questions nouvelles ; quand les facultés mêmes qu'il a gardées intactes ne vont plus rencontrer des circonstances propres à leur déploiement. A quoi bon par exemple un roi législateur et réformateur dans des temps qui voudraient un gagneur de batailles ? Tout comme on est incapable à certain âge, on le devient à certain autre ; si les

rois ne sont pas rois dès le berceau, pourquoi le
seraient-ils aux approches de Saint-Denis? Pourquoi un âge pour la majorité des rois, et pas
d'âge pour leur retraite?

Cela, dis-je, est contre la nature. Le fait est
que la nature y met bon ordre, usant et emportant nos rois de bonne heure : François I<sup>er</sup>,
Henri IV, Louis XII, Charles VIII, Louis XI ; j'en
passe... les retirant de la scène du monde dès
qu'ils n'ont plus les qualités de leur emploi, leur
ôtant les occasions de faillir dont ils eussent pro-
fité, ce qui est la manière dont la Providence entend le *droit divin.*

Ainsi finissent nos rois, la Providence les rap-
pelant à elle dès qu'ils sont impropres à leurs
fonctions. Comme elle prenait plaisir aux Capétiens
et à la France, elle avait toujours fait cette grâce
aux Capétiens jusqu'à Louis XIV, de mourir avant
qu'ils eussent soixante ans; il me semble que
cette remarque est de Sismondi. Aussi n'a-t-on pas
vu parmi nous ces dénouements volontaires qui
ont illustré Charles-Quint, Sylla, Dioclétien,
Charles-Albert. Cet exemple des abdications est
très-grand ; quand un souverain s'est élevé assez
haut pour concevoir des réformes et des concessions, pourquoi n'aurait-il pas l'idée de celle-là?

Les rois et les peuples n'en sauraient imaginer
de plus fructueuses, devant cette alternative qui
semble offerte, aux monarques — ou de mourir
jeunes, laissant un pouvoir intact, honoré, facile-
ment transmissible à leur enfant — ou de mourir
pleins de jours, mais avec des fins de règne qui
emportent leur dynastie, quelquefois même la
royauté.

Quoi qu'il en soit, les rois de France, en général, n'ont pas eu le temps d'abdiquer, et la
France n'a pas eu besoin de songer à leur abdication ou à leur déchéance. De sorte que la question qu'on agite est absolument neuve, n'ayant
pas eu l'occasion de naître dans le passé. Nos ancêtres ont rencontré des enfances de rois et n'ont
pas adoré ce berceau ; ils ont fixé l'âge où l'on
pouvait régner sur eux. Mais les rois vieux ou
vieillis, incapables de gouvernement, la France
n'en a pas connu. Elle n'a pu dès lors apprécier
la monarchie tout entière dans la totalité de ses
aspects, dont l'un est sa manière de finir et l'autre,
sa manière de commencer. Les rois mourant
jeunes, ou du moins dans leur intégrité mentale,
l'unique inconvénient de la monarchie était celui
que prévoit Pascal : *un sot succédant par droit de
naissance...* Mais si les rois meurent vieux, vous

avez dans le même homme une succession
d'hommes et d'esprits du degré le plus inégal, et
vous pouvez subir à la fin d'un règne un écra-
sement de misère et d'humiliation, tantôt les
angoisses de la honte, tantôt un dommage irré-
parable, quelquefois l'un et l'autre, perdant tout,
y compris l'honneur.

Dans le cas prévu par Pascal, on évite les guer-
res civiles : dans le cas que nous venons de prévoir on s'expose à un mal qui peut être plus
grave et plus continu que la guerre civile. Car
un sot succédant à Henri IV laissera régner
Richelieu. Mais Louis XIV sur ses fins ne finira
pas de croire en lui-même, et prendra Voisin,
Chamillard, Villeroi pour généraux et pour ministre, se promettant de les former, de leur apprendre la guerre et les finances. La sottise innée
d'un roi est un accident ; mais l'impéritie, qui
vient des années, est un fait naturel et physiologique, un mal qui n'épargne pas les rois, d'une
fréquence et d'une gravité supérieure à tout autre mal.

Oublier qu'un roi peut vieillir, c'est une ano-
malie, une aberration prodigieuse, dans un pays
plein de fonctionnaires et plein de règlements
pour évaluer toute espèce de fonctions et de ca-

pacité, tantôt accordant, tantôt imposant la limite
d'âge.

En France la présomption de la loi, c'est qu'un
homme, après trente ans de travail, est incapable de travailler. Si cette règle est applicable à un
chef de bureau, pourquoi pas à un chef de gouvernement ? La loi ne porte pas plus loin la saison active de la vie humaine, réservant le reste
apparemment, soit à l'éducation qui prépare la
vie, soit au repos où l'on apprend et commence à
mourir. Le principe de cette loi c'est le bien public, l'intérêt de l'État, qui veut être servi vali-
dement et qui aime mieux la charge d'une pension
de retraite que la mauvaise qualité des services
actifs. Ceci est un point parfaitement compris par
le gouvernement actuel qui, soumettant à une limite d'âge les fonctions judiciaires, a fait disparaître les dernières traces du droit individuel, du
titre inviolable auquel ces fonctions étaient exer-
cées autrefois et possédées comme des offices. Autrefois un magistrat pouvait s'éteindre sur son
siége, mourir sourd et décrépit sur les fleurs de
lys ; dans sa fonction, qu'il avait achetée ou héritée,
il était chez lui, et personne, pas même l'État, ne
pouvait toucher à ce domaine. Il ne manquait à
ce juge que d'être immortel pour juger éternelle-

ment. Le premier de ces fonctionnaires, de ces *officiers*, c'était le chancelier, qui pourtant avait besoin d'être valide pour certaines de ses fonctions. Aussi, imagina-t-on, sans le déposséder le moins du monde, d'instituer à côté de lui, et pour opérer en son lieu, le garde des sceaux.

Aujourd'hui l'État a repris son bien, qui est la puissance publique; il a repris son droit, qui est d'être servi réellement. Rien désormais de la puissance publique n'est la propriété de personne; tout est fonction et toute fonction a sa limite d'âge. Dans cet esprit, le législateur a évalué partout les forces humaines, la durée du travail humain; trouvant partout une limite naturelle, il en a fait une limite légale, variable suivant les fonctions et les grades, mais universelle. De là un droit pour l'individu, qui peut dire à l'État : «Je suis vieux, je suis usé; ayant l'âge et la durée de service où vous avez prévu l'incapacité, je demande le bénéfice de ce règlement, la récompense et la fin de mon travail. » — De là également un droit pour la société, qui peut dire au fonctionnaire : « Tu ne travailleras plus, tu travailles mal; tu as contre toi la durée de tes fonctions, ou les infirmités prises dans ces fonctions : quitte ton emploi, conserve ton grade, et reçois une pension. Je ne te consulte pas là-dessus, car tu pourrais te faire illusion sur tes forces, sur la qualité de son travail ; tu pourrais être égaré par le goût de l'importance, par l'habitude de ta fonction. (Il en est dont on se détache avec peine : voyez les *Plaideurs*, de Racine ; mais les rois m'inspirent encore plus d'inquiétude que les juges pour cette seconde nature qui est l'habitude). Donc si tu ne fais valoir tes droits à la retraite, je te l'impose.»

Et cela se pratique du haut en bas de notre longue échelle administrative. Je me trompe, tout en haut de l'échelle cette règle cesse et se détourne avec respect. Un juge à 70 ans n'a plus le droit de prononcer sur un mur mitoyen ; mais il faut croire qu'un roi peut prononcer à tout âge sur les affaires du monde, qui sont les siennes, s'il est roi de France. A cela, le monde et la France pourraient trouver quelque chose à reprendre ; et puisque la société traite en invalides les serviteurs d'un certain âge, elle pourrait bien accorder ce bénéfice au plus grand de tous, l'exempter du travail qui l'excède et le relever du poste où il sommeille. Mais on ne dit pas encore à un roi : Tu ne régneras plus. Cela se fait, mais ne se dit pas, ne se prévoit pas : un pays capable de ce franc-parler se passerait plutôt de royauté, laquelle cependant est une forme assez recommandable du pouvoir exécutif. On ne peut guère lui reprocher que les minorités et les vieillesses des rois, c'est-à-dire sa manière de finir et sa manière de commencer, peut-être même sa manière de continuer, si le hasard de la naissance appelle au trône le genre ou plutôt le degré d'esprit prévu par Pascal.

Il suffirait, pour corriger cette grande forme de gouvernement, d'y mettre une nouvelle âme et dans cette âme l'idée moderne que les rois sont des fonctionnaires, que ces pasteurs des peuples sont faits pour leur troupeau, et qu'ils doivent en quitter la garde, quand ils n'ont plus la force et la vigilance du parfait berger. Quitter est le mot propre : le moyen de faire une loi là-dessus ? Où seraient les juges et les moyens de contrainte pour l'application d'une telle loi, pour l'exécution d'un tel jugement? On peut supposer que la monarchie ayant corrigé partout autour d'elle ce vice des fonctions permanentes, finira par le réformer en elle-même. Tout récemment, une loi fameuse est venue mettre une limite d'âge à la fonction des magistrats: et rien n'est plus conforme à la tradition de l'ancien ré-

gime, de Louis XIV surtout, abolissant les charges permanentes de connétable, de surintendant,
de gouverneur de province et même de colonel-
général. Supposez que la monarchie en usât de la
sorte sur elle-même, à l'occasion, ce serait une
grande sûreté pour le principe monarchique. Les
esprit chagrins n'auraient plus tant de choses à
lui reprocher : l'inexpérience à tel âge, la décadence à tel autre, l'égoïsme toujours.

Si la royauté pouvait dire encore qu'elle est un
droit divin, elle pourrait ajouter, sérieuse comme
un augure, qu'elle a la grâce et l'inspiration continue. Si elle pouvait alléguer comme autrefois
qu'elle est un droit individuel, une propriété,
par là encore elle échapperait à la limite d'âge
qu'elle a imposée partout ailleurs. Est-ce qu'on
destitue un vieux propriétaire? Est-ce qu'on le
dessaisit de sa propriété, de sa gestion? Fût-il
incapable, il ne l'est que pour lui-même et à son
préjudice seulement : cela tranche la question.
Mais si la royauté est une fonction, comment
cette fonction pourrait-elle se passer de capacité?
Et par quel privilége cette capacité survivrait-
elle à l'époque où partout ailleurs la loi présume
le fonctionnaire incapable, éteint, hors de service,
fût-il un expéditionnaire ou un facteur rural?

Ainsi, la monarchie de Juillet a succombé sous un vice purement monarchique : elle a défailli comme le monarque ; elle a porté la peine, non du régime parlementaire et des facilités accessoires qu'il a prêtées à cette chute, mais d'un régime où la fonction souveraine est une fonction permanente ; nous avons eu là une révolution par la faute accidentelle du régime parlementaire et par le vice essentiel de toute monarchie.

« Erreur, direz-vous ; ce vice que vous relevez n'est pas essentiellement monarchique. Parlez pour votre monarchie parlementaire et pour ses fictions surannées de roi inviolable, infaillible, qui ne saurait mal faire, qu'on punit sur le portefeuille ou sur la tête de ses ministres. Avec ces pauvretés, vous avez au bout de votre logique un roi permanent, parce qu'il est nul ; mais vous avez au bout du compte et réellement des révolutions, parce qu'en fait ce roi n'est pas nul, parce qu'il agit et se commet en chef de parti ; parce que nulles fictions écrites ou empruntées ne sauraient prévenir l'expiation quand elles ont permis la faute ou la complicité d'une faute. Toute autre est la monarchie impériale, un gouvernement sincère et pratique dont le chef se

déclare responsable. Il suit de là que ce gouvernement peut faillir et qu'il s'engage à répondre de ses fautes : ce qui n'a rien de commun avec l'inviolabilité et la permanence des
monarchies vulgaires. On a vu sous la monarchie
de Juillet .de grands débats portés en justice
sur la manière d'entendre l'inviolabilité royale.
« C'est une simple immunité judiciaire, disait *le
National;* le roi ne peut être traduit devant des
juges, il n'est pas amenable, mais il peut être
frappé de déchéance. » Le parquet en jugeait
tout autrement. Plus de ces subtilités aujour-
d'hui, plus de souverain infaillible ; au lieu de
cela, un souverain responsable, couvrant ses
ministres et revendiquant pour lui-même toute
faveur, toute disgrâce encourue par son gouvernement, toutes les sanctions enfin. »

J'avoue que cette manière d'entendre notre
constitution actuelle est saine et irréprochable ;
cette constitution elle-même est par là quelque
chose de réel, de véridique. Il faut reconnaître
ce mérite de la responsabilité impériale, qui prévoit les fautes et la conséquence des fautes, qui
n'exclut aucune sanction et se prête à l'hypothèse vérifiée, usitée tant de fois parmi nous, d'un
renouvellement du pouvoir exécutif. C'est entrer

à pleines voiles dans la réalité, c'est le plus grand pas constitutionnel qu'on ait jamais fait vers la République : pour ma part, je ne saurais trop admirer cette vérité croissante, cette illumination. Mais à un autre point de vue, on n'y aperçoit pas tout d'abord une garantie contre les révolutions. Si cette responsabilité est sans limite, ce qui ouvre les horizons le plus spacieux, ce qui a plus de prestige et de grandeur que les jugements de l'Egypte sur la mémoire de ses rois, d'un autre côté il faut convenir qu'elle est sans forme prévue, sans lois organiques pour passer à l'application. De là des troubles, des irrégularités à prévoir.

Il est clair que la monarchie impériale et responsable a ses chances de révolution tout comme la monarchie qui se déclare infaillible et inviolable : elle n'a de ce côté nul avantage sur le régime parlementaire qui est la procédure des monarchies étiquetées inviolables.

## SECTION IX

### DE LA FORME DE GOUVERNEMENT QUI RÉALISE
### LE PLUS DE LIBERTÉ.

Nous venons de comparer diverses formes de gouvernement pour démêler celle qui résiste le mieux aux révolutions. Mais pourquoi juger les gouvernements à cette échelle et s'en tenir là? Pourquoi leur savoir un tel gré de ce qu'ils savent faire pour ou contre la stabilité? Les révolutions, en se multipliant, ont perdu ce qui les rendait terribles : on ne leur voit plus ni échafaud ni banqueroute; elles n'ont plus cet imprévu qui surprenait, qui accablait les consciences humaines, les courbant presque toujours dans le sens des bassesses et des lâchetés. D'où je conclus qu'il n'y a pas lieu de prendre un tel souci des révolutions. La fréquence de ces catastrophes en explique l'émoussement, l'amélioration. Ce qu'elles ont d'immoral tient uniquement à ce qu'elles ont d'imprévu; nullement, comme on pourrait le croire, à une origine populaire et brutale. Car il y a des révolutions de toute sorte, pour le

8

compte de l'autorité aussi bien que pour le compte des masses; et l'on ne voit pas qu'elles soient plus scrupuleuses les unes que les autres.

Le mal des révolutions est ailleurs; il a pour cause unique l'imprévu qui déborde avec elles dans les situations et dans les événements. On s'aperçoit alors de ce que vaut la conscience livrée à elle-même, exposée à des rencontres sur lesquelles ces grands casuistes de la loi et de l'opinion ne lui ont rien appris. En face du nouveau et de l'extraordinaire, la conscience ne sait qu'hésiter et balbutier : une Égérie défaillante, éperdue, qu'on viole à volonté. Corinne nous montre Numa, dans le bois sacré du Capitole, consultant la *divinité des gens de bien, la conscience interrogée dans la solitude.* Cela est beau à dire, et j'admets que la conscience est éloquente, est lucide dans l'isolement et le recueillement; mais, en vérité, l'impromptu n'est pas son fait. A cet égard, j'ai cité l'exemple des révolutions parce que c'est le plus grand cas d'imprévu, et celui auquel nous sommes le plus sujets. Mais, d'une manière générale, on peut dire que tout ce qui étonne les peuples, tout ce qui prend au dépourvu le commun des consciences, les égare et les pervertit. Toutefois laissons là cette observation, l'histoire qui

l'appuie, et la conséquence qu'on en peut tirer,
sur l'intervention des lois et de l'État qui pourrait
bien être nécessaire pour éduquer en nom le sens
moral. Constatons seulement que nous n'avons
plus à nous inquiéter comme autrefois des révolutions, dès que leur fréquence les a désarmées
et purgées, dès que la loi morale a repris son
empire sur ces catastrophes et ne permet plus
ni loi des suspects, ni confiscation, ni papier-
monnaie.

C'est un bien sans doute que la stabilité, et
les formes de gouvernement qui excellent à l'entretenir ont par là un véritable mérite. Mais, ce
bien est acquis aux sociétés modernes, dont la
surface est seule troublée par les tempêtes, dont
le fond s'affermit de plus en plus, les supportant
et les faisant vivre par leur substance morale et
intime, par la discipline héréditaire que les siècles
ont développées : un fond grossi chaque jour de
choses auxquelles les révolutions, les lois elles-
mêmes, n'osent plus toucher. Qui donc oserait
rétablir non-seulement la torture, la taille, les
lettres de cachet, mais une justice à huis clos, des
jugements sans motifs, des lois rétroactives?

Dès que par toutes ces raisons l'aventure des
révolutions est moins grave, il ne faut plus re-

chercher si tel gouvernement la comporte plus
où moins, et mesurer d'après ce criterium les
formes de gouvernement. Pour ma part, j'aime-
rais mieux les juger d'après ce qu'elles comportent, ce qu'elles réalisent de souveraineté nationale, laquelle après tout pourrait bien passer pour
l'ordre même, dans sa notion la plus haute, et
dans sa condition la plus réelle : comment les
lois ne seraient-elles pas obéies, quand elles pro-
cèdent de ceux-là mêmes auquels l'obéissance est
demandée? Ici apparaît l'excellence du régime
parlementaire, où le Parlement désigne et ré-
voque les ministres, où la fonction royale est d'observer les partis, de reconnaître la majorité, et
tantôt de lui accorder le pouvoir, tantôt de la
soumettre au jugement du pays. Par là règne le
pays, plus sûrement que dans la république des
États-Unis; car il peut d'un jour à l'autre congédier par un vote du Parlement les ministres
qui lui déplaisent, renouvelant par là le pouvoir
exécutif, sans attendre l'échéance constitutionnelle où expire ce pouvoir.

Je ne compare pas, sous ce rapport, le régime
parlementaire au régime actuel dont la prétention libérale est de valoir par sa base, par la
largeur d'une base universelle, ce qui a pour

conséquence la plus grande énergie d'action et d'attribution, soit pour exprimer, soit pour réprimer de pareils mandants : deux fins qui veulent le même moyen. Quand on s'est soumis une fois au suffrage universel, on y puise en quelque sorte la pleine puissance. *Semel jussit, semper paret*, cela peut bien se dire de la puissance divine et des lois qu'elle s'est imposées. Telle n'est pas la puissance née du suffrage universel : *Semel paruit, semper jubet.* « Quel droit voulez-vous de plus, pourrait-elle dire au peuple français ? c'est vous qui m'avez faite ; voyez mon origine. Et c'est vous qui pouvez me défaire : voyez cette constitution où je me déclare responsable. Quant à vous, mandataires du peuple, je suis aussi nationale que vous tous, et plus nationale que chacun de vous. » Ces mandataires seraient réduits à répondre que cela a été, mais que cela n'est plus ; que leur mandat est plus récent, qu'il a été renouvelé, qu'il exprime le dernier état de l'esprit public.

Tout cela est une manière d'entendre la liberté ; mais la pratique de cette liberté suppose des révolutions. Or, nous venons de le voir, elles ne sont pas ce que pense une vaine bourgeoisie. Toutefois, leur innocence actuelle n'est peut-être comprise que du petit nombre, *happy few*.....

« Libre à vous, me dira tel interrupteur, d'exalter et de préférer à tout le régime parlementaire. Mais informez-vous d'abord si tels sont les vœux et les aspirations du pays ; si, en politique étrangère ou en toute autre chose, il souhaite et autorise, sous le nom de liberté, une concurrence ou plutôt un obstacle légal au gouvernement qui a eu ses acclamations et qui garde sa confiance. Êtes-vous bien sûr que la nation soit si jalouse de ce droit revendiqué comme droit national par des personnes, par des classes peut-être dont il charmerait les loisirs et occuperait l'activité ? Comptez ces personnes, pesez leurs motifs, et demandez-vous si cette chose parlementaire, qui entre si fort dans leurs convenances, n'est pas chose dont le pays porterait la peine, dont il s'alarme en tout cas. Je m'étonne, disait un personnage, qu'il se trouve encore des gens d'esprit pour croire que la France aime la liberté. »

Comment la France ne l'aimerait-elle pas ! Comment le tour d'esprit qui paraît du haut en bas de ce pays ne serait-il pas, ne deviendrait-il pas une inclination et une passion libérale ? Cet esprit français, quand il est cultivé, excelle aux idées générales, gagne les hauteurs, monte naturellement, si haut qu'on peut monter. Comment

à cette élévation et parmi ces idées générales
ne 'trouverait-il pas l'idée de la chose publique ?
Cette conception est naturelle, inévitable, chez
des individus sujets à concevoir plus qu'eux-
mêmes, qui ont un certain appétit de l'imper-
sonnel, qui tiennent école et propagande de raison théorique.

Ce serait chose contradictoire que ce pays fameux pour les idées générales n'eût pas l'idée
politique. Me direz-vous qu'on ne fait pas des
institutions avec des idées? La France vous en
demande bien pardon. Elle a fait la loi de l'égalité successorale avec une idée : elle n'avait pas
autre chose pour cela dans un pays où les lois
et les mœurs étaient pour l'aînesse. Elle a cet
avantage sur l'Allemagne de pratiquer ses idées.
Et cela suppose — ou des idées claires d'une
clarté si impérieuse qu'elle s'impose aux conduites, — ou ces dons de volonté, ce besoin de
résoudre et d'agir qui distingue l'Anglo-Saxon.

Il reste à savoir sans doute si l'idée politique
de la France sera l'idée libérale. Mais je ne sache
pas de peuple qui ait eu des idées politiques pour
conclure contre lui-même, pour s'en tenir à celles
de Hobbes : ces caprices de sophiste ne sont pas
à l'usage des nations.

Regardez maintenant cet esprit français là où il est inculte : vous descendrez peut-être bien des échelons, mais pour trouver encore au plus bas quelque chose de grand comme le patriotisme. Eh bien, cela doit faire un jour ou l'autre du libéralisme ; quand on n'aime pas tel maître, on finit par n'en aimer aucun. Quand on s'affirme et se redresse envers l'étranger, on a ce qu'il faut pour être debout un jour ou l'autre, de toutes parts, envers et contre tous. Dans le patriote est le fonds du citoyen, le fonds commun de l'honneur ; laissez seulement l'éducation s'ajouter à ce naturel et mûrir cette semence. Que la liberté n'en ait pas été le premier fruit, peu importe ; c'est qu'apparemment les circonstances voulaient quelque chose de plus pressé ou de plus précieux, que sais-je ? l'égalité, la victoire. Le Français n'a peut-être pas au même degré que l'Anglo-Saxon l'idée libérale et protestante signalée et réprouvée par Bossuet : *Que le chrétien n'est soumis à aucun homme.* Mais les peuples acquièrent des idées ; le Français pourrait bien acquérir l'idée libérale, en supposant qu'il ne l'ait pas, tout comme il a acquis l'idée des banques et de la monnaie de papier, tout comme l'Anglais a acquis l'idée des armées permanentes, et même l'idée de l'indépendance

religieuse : l'Anglais ne l'a pas toujours eue, changeant trois fois de religion avec ses maîtres, ainsi
que Bossuet l'en a persiflé très-agréablement.
Quand on ne sait pas, on apprend ; quand on n'a
pas, on acquiert ; il suffit que le fonds y soit, que
l'exemple apparaisse, que l'atmosphère se fasse
sentir. Il serait beau pour un pays d'avoir l'instinct du *self government*, de naître avec un besoin de vote, d'élection, de scrutin. Nous ne
sommes pas ce peuple; mais si la France n'a pas
une passion indomptable de se gouverner elle-
même, il faut dire à son honneur qu'elle ne
supporte pas les mauvais gouvernements. Cela
est fort honorable, je le répète, car cela prouve
qu'elle n'aime pas les gouvernements personnels
pour eux-mêmes, mais pour leurs qualités in-
cluses ou arborées. Et cela, en attendant mieux,
l'induit à changer ses gouvernements jusqu'à ce
qu'ils sachent leur métier, jusqu'à ce qu'ils aient
du savoir vivre, et qu'ils aient appris la tradition
ou deviné le progrès, qui est pour eux la condition de plaire et de durer.

## SECTION X

### DE LA FORME DE GOUVERNEMENT QUI CONDUIT LE MIEUX LES AFFAIRES EXTÉRIEURES D'UN PAYS.

Je ne me figure pas, ayant parlé d'abord de stabilité, puis de liberté, que ce soit là une énumération complète des intérêts d'une société, ni des œuvres où l'on peut juger un gouvernement.

Et la politique étrangère ! C'est assurément un point capital pour un peuple, que sa manière de vivre avec les autres peuples, de s'entendre, de combattre ou de s'équilibrer avec eux. Quand un pays est situé comme la France, rien n'est plus grave que ces affaires du dehors. Il y va du présent, c'est-à-dire de la sûreté ; de l'avenir, c'est-à-dire de la sécurité ; il y va surtout de l'honneur. Nous ne sommes pas une île comme l'Angleterre, ni une presqu'île comme l'Espagne, ni une fin du monde adossée au pôle comme la Russie. Nous ne sommes que contact, voisinage, vulnérabilité. Ces complications nous imposent des charges inconnues aux peuples libres, aux Anglo-Saxons du moins : je veux parler du recrutement. Et peut-être ces charges doivent-elles ajouter à notre liberté un complément, un organisme inutile et inconnu à la liberté de ces peuples. Voilà, si je ne me trompe, l'intérêt vital et permanent du haut duquel on peut juger 'a valeur d'un gouvernement français. Qui est-ce qui va traiter le mieux ce intérêt? Est-ce le césarisme, est-ce le régime parlementaire, est-ce une république comme celle des Etats-Unis? En deux mots, est-ce le pays lui-même, ou est-ce le pouvoir exécutif? Je ne connais pas de question plus opportune, et dont la gravité capitale soit mieux démontrée par des désastres récents; j'ajoute que la façon nationale, libérale de traiter ces intérêts n'a pas encore été découverte ni même cherchée jusqu'à ce jour. Selon moi, elle n'existe nulle part, même chez les nations libres, par la raison péremptoire qu'elles étaient nations dans toute la force du terme, dans toute la plénitude de la chose, avant d'être libres, et que dès lors leur liberté n'a pas eu à s'occuper d'un point acquis et résolu, d'un intérêt qui avait toute satisfaction. Que la nationalité se soit faite avant la liberté dans les pays destinés à être libres, rien n'est plus significatif; rien ne marque mieux tout ce que valent, tous ce que pesent les relations extérieures. On pense à cela comme à la vie même, avant de penser à la liberté, qui est une manière

de vivre ; on pense à l'ennemi du dehors, avant
de penser à l'ennemi interne, au roi, à l'augure,
au patricien. Et quand cet intérêt est sauf en ce
qui touche l'existence et la sécurité des nations,
elles en abandonnent volontiers le reste, c'est-à-
dire les détails éventuels et contingents, à la dis-
crétion du pouvoir exécutif. Mais s'il était un
peuple méditerranéen, enclavé, où cette œuvre
capitale de proportion et d'équilibre fût toujours
pendante et inachevée, ce peuple devenu libre
abandonnera-t-il cette œuvre à son gouvernement?
Il semble que ce serait un abandon de sa liberté.
Ou bien en prendra-t-il soin lui-même, par l'intervention la plus directe et la plus assidue ? C'est
une question qui ainsi posée a l'air d'appeler l'affir-
mative ; mais rien n'est moins clair, je vous
préviens de cela.

Si l'on veut traiter par la liberté les intérêts
extérieurs du pays, il faut aller bien loin en fait
de liberté ; car le soin de ces intérêts passa toujours
pour attribution essentielle du pouvoir exécutif,
même aux Etats-Unis, même en Angleterre. Il
ne servirait à rien de réserver à la législature
le droit de paix et de guerre : car la guerre
peut être nouée et engagée, rendue nécessaire
enfin par le seul fait du pouvoir exécutif et des

opérations dont il est absolument maître. Rappe-
lez-vous seulement, en 1840, lord Palmerston,
faisant bombarder Beyrout, sans y être autorisé
ni par le Parlement, ni par ses collègues. Il se
passa du Parlement parce qu'il n'avait pas de
fonds à lui demander pour cela, qui n'était pas
une dépense. Le consentement des fonds, le concours financier est uniquement ce qui introduit le
Parlement anglais dans les affaires extérieures de
ce pays, qui ne laissait pas d'appeler lord Palmerston *our great public-servant*.

Il faut, dis-je, aller bien loin en fait de liberté,
pour mettre dans les mains d'un pays ses affaires
extérieures ; car les fautes au dehors peuvent
consister, non-seulement dans des actes, mais
dans des omissions, dans des inactions... Comment
mettre ici l'initiative du pays, ou même simplement l'information du pays ?

Mais ce n'est pas une question, c'est une série
de questions que nous avons à parcourir en ce
sujet. — La première à soumettre au lecteur est
celle-ci : les représentants d'un pays libre et méditerranéen doivent-ils gouverner directement la
politique étrangère ? Oui, direz-vous, parce que
cette politique est parmi ses plus grands intérêts
et que sa liberté doit profiter à cet intérêt. — Mais

le secret est nécessaire à la conduite des affaires extérieures ? Vous me répondrez peut-être que ceci est une raison pour ne pas les discuter publiquement, et pour les livrer à un comité pris dans le Parlement, qui en portera à la tribune ce qu'il jugera à propos. — Mais j'insiste : ces affaires pourraient réclamer une solution ou un traitement quelconque pendant l'absence du Parlement ?... Ne vous arrêtez pas, me dit-on, à cette apparence d'obstacle, mettez que ce comité sera permanent, et tout est dit.

Non vraiment, cela ne tranche pas tout. Je me demande du moins, à propos de comités et de permanence, si ce qu'il y a de mieux n'est pas un conseil de ministres designé par une assemblée, choisi et accrédité parmi ses membres les plus éminents, ce qui est la donnée pratique du régime parlementaire. C'est une manière de résoudre la question que nous avons posée. Pour échapper à cette solution, il faudrait dire que la question est désormais sans importance, qu'elle est perdue et tranchée contre nous irrévocablement, que la fortune de la France est compromise sans retour, que son rang parmi les nations est perdu à jamais, qu'on ne relèvera rien de ce côté, soit en restaurant le régime parle-

mentaire dans toute sa plénitude, soit en depla-
çant et dénaturant les pouvoirs..

A vrai dire, ni le régime parlementaire anglais,
ni le Congrès américain n'ont assumé le gouvernement *direct* de la politique étrangère, n'ont limité et enchaîné de la sorte le pouvoir exécutif.
Mais il ne faut pas que cela nous arrête. Il faut
voir si cette limitation n'est pas nécessaire dans
un pays situé et doué comme le nôtre, où les
questions extérieures sont restées le plus grand
objet de gouvernement, tandis que la liberté est
devenue le seul mode avoué de gouvernement.

Je ne me prononce pas ; j'étudie, j'examine.
La grande révélation de nos jours est celle de
la place immense qui appartient dans nos destinées à la politique étrangère. Et cela vous in-
duira peut-être à penser que nos institutions, que
notre liberté, si nous en avons, doivent s'adapter
à ce fait nouveau. Or cela n'est possible qu'en
dépassant le régime parlementaire connu jusqu'à
ce jour, c'est-à-dire en mettant de nouveaux
pouvoirs dans le Parlement, un pouvoir direct
sur les affaires du dehors qui sont peut-être le
plus grand intérêt de la liberté française. Le recrutement, c'est-à-dire l'impôt du sang, provoque
et justifie la grande ingérence du pays en cette

sorte d'affaires. Toutes les analogies concluent en ce sens. Considérez donc que nos assemblées ne votent pas seulement la recette de l'impôt pécuniaire, qu'elles en votent la dépense, l'emploi. De là une conséquence toute naturelle. Quand il s'agit de l'impôt du sang, elles doivent voter non-seulement la perception, c'est-à-dire le recrutement, mais l'emploi, c'est-à-dire la politique étrangère qui est la dépense de cet impôt, et l'effusion de ce sang. Les pays les plus libres ne connaissent pas cet excès de liberté, mais par la raison qu'ils ne connaissent pas cet excès et cette forme d'impôt.

On peut prévoir une chose : sans mettre expressément la politique étrangère dans un comité du parlement, les choses, par un effet de mœurs et de jurisprudence parlementaire, peuvent en arriver à ce point que jamais le pouvoir exécutif ne prendra de résolution en ce sujet, sans en referer aux mandataires du pays. Il me semble que cet usage a prévalu depuis peu en Angleterre, depuis la question Danoise. Mais nous sommes fort loin de ces mœurs, et peut-être même ne vous paraissent-elles pas bien désirables. « Voici, me direz-vous, ce qui arrive alors. Quand un gouvernement est lié de la sorte, résponsable à ce

degré, il ne bouge pas, il s'abstient de toutes parts,
sachant bien que le Parlement consulté n'autori-
serait rien, le pays encore moins. Or, cette inertie
peut être une mauvaise politique. De telle façon
que les grandes choses disparaissent avec l'initiative, avec l'indépendance du gouvernement,
seul capable de les oser. C'est un bien que le
gouvernement du pays par lui-même. Mais est-ce
le seul? Est-ce le plus grand?»

Au demeurant, le pouvoir d'un peuple appliqué
à ses affaires du dehors vaudrait ce que vaut ce
peuple, et c'est tout ce qu'on peut demander. Elever
une nation au-dessus d'elle-même, la faire grande
quoi qu'elle en ait, par l'impulsion et la domination de son gouvernement, cela est hasardeux,
vicieux même : il en restera l'habitude d'obéir,
de penser et de vouloir par d'autres, qui pourront
bien quelque jour penser et vouloir tout de travers. Je ne puis craindre pour la France qu'elle
ait jamais l'humilité de cœur et d'esprit. Là
comme ailleurs, je la voudrais maîtresse d'elle-
même et de ses affaires, et de ce côté encore je
conclus au droit du pays sur lui-même, soit par
le régime parlementaire, soit par un expédient
provisoire en fait de politique étrangère.

## SECTION XI

### SI LE SUFFRAGE UNIVERSEL N'EST PAS UN OBSTACLE
### A LA LIBERTÉ.

Mais j'entends d'ici une objection ou plutôt
une protestation. « Prenez garde, vous avez du
préjugé, du vice, de la borne dans l'esprit. Ouvrez les yeux, s'il vous plaît; il y a du nouveau
parmi nous, et nous n'en sommes plus au temps
où le régime parlementaire, avec tout ce qu'il
comporte d'initiative et d'usurpation, pouvait se
donner carrière impunément. Nous avons à cette
heure le suffrage universel ! Donnez-vous la
peine de réfléchir sur ce qui réside, sur ce qui
sommeille dans le suffrage universel pour s'é-
veiller un jour ou l'autre ; nulle force, nulle attribution n'est de trop au sommet de l'État pour
dominer cette force populaire. Tel degré de liberté qui, sans péril quand le pouvoir politique
était le privilége bourgeois d'un pays légal, serait
peut-être une terrible étincelle quand ce pouvoir
est partout, quand il a son foyer parmi les masses,
parmi ces foules anonymes qui furent toujours en

possession de souffrir et de servir, qui voudront peut-être désormais gouverner à leur profit, régner et jouir à leur tour. »

Le suffrage universel est en effet une complication du problème libéral en France, et nous aurons à nous en expliquer tout à l'heure, mais ce n'est pas la seule.

Tout est aquilon parmi nous à cette nouveauté, à cette délicatesse qui veut naître et qui n'a pas de racine dans le sol, qui ne peut vivre que par l'atmosphère, sur les hauteurs, comme un arbre échappé des rocs vit par ses feuilles.

Véritablement ce pays fera bien d'avoir l'idée, le sentiment, la théorie de la liberté, car la liberté n'est pas dans son passé ; si elle ne vient pas de son esprit, je ne sais vraiment d'où elle lui viendra. Ce qui fait libres les autres pays, il ne l'a pas ; ce qui ailleurs prépara et fonda la liberté est absent de sa tradition. Rien dans nos annales à cet endroit, à cette époque où paraît chez nos voisins l'alliance du peuple et des grands, une charte qui, dès le xiii° siècle, n'oublie personne.

Arrêtons-nous un instant sur ce trait singulier d'un pays où se mêlent les races telles que Normands et Anglo-Saxons, où les classes elles-mêmes arrivent à fusion, et cela sans exclure la hiérarchie, sans contester aux plus hautes l'exercice du pouvoir politique, sans en refuser le bénéfice aux plus humbles. Tandis qu'en Angleterre tout s'amalgamait et s'échelonnait d'un commun accord, chez nous les antipathies de caste étaient profondes, l'abus et la haine des priviléges régnaient partout. Et les rois, pour avoir mis quelque modération dans ce régime, acquirent une popularité dont la monarchie profite encore parmi nous. Vous m'avouerez que voilà un passé peu propice au gouvernement d'un pays par lui-même. Comment des classes longtemps ennemies s'entendront-elles pour réduire la monarchie, ce qui est l'affaire du jour, et surtout comment laisseront-elles cet office à l'une d'elles?

Cette antipathie est ancienne, immémoriale, mais nullement usée. Toutefois, aimez-vous mieux quelque chose de nouveau, un venin plus actuel? Jetez les yeux sur la querelle du capital et du travail, sur cette matière brûlante et capiteuse du socialisme.

Cette question est de celles qui paraissent en toute civilisation économique; mais pourquoi l'embarras des autres sociétés est-il le péril de de la nôtre? Pourquoi le feu prend-il parmi nous à ce que l'on discute partout ailleurs, un feu inextinguible, comme le rire des dieux dans Homère? Je l'ai vu en 48, et je l'aperçois, je le retrouve, je le reconnais aujourd'hui : un vrai phénix pour renaître de ses cendres.

Ainsi on s'est méprisé, on s'est opprimé, on s'est haï, on s'est voulu et on s'est fait un mal infini pendant des siècles. Véritablement, cela ne prépare guère l'accord qu'il faudrait pour réduire la tradition monarchique, la condition royale à devenir une simple gérance constitutionnelle. Aujourd'hui que le siècle est industriel, économique et non plus féodal, la haine n'est pas morte pour cela ; seulement la haine est entre les divers agents productifs. Quand tels sont parmi les masses les sentiments d'autrefois et les sentiments actuels, y a-t-il au moins dans les régions pensantes de la société un fonds d'idées et de conscience politique où l'équilibre puisse naître et s'affermir, un exemple supérieur de concorde intellectuelle? J'en doute fort ; on a visé trop haut quand on a fait la déclaration des droits de l'homme et du citoyen sous l'invocation des trois plus grands mots connus, qui dépassent le christianisme en excellence morale, c'est-à-dire en pouvoir attribué et en vertu demandée aux hommes... pas moins que le parfait et l'infini !

Et remarquez, outre l'excès de cet idéal, une tentative simultanée pour l'atteindre dans sa plénitude. Nous ne sommes pas de ces peuples qui vont patiemment d'un problème à l'autre. Conçus dans leur ensemble et dans leur transcendance, les problèmes sont abordés de toutes parts à la fois. Naturellement on échoue, on avorte partout. Un de ces problèmes est la constitution du pouvoir, pour établir le droit des nations, la liberté; c'est là que depuis quatre-vingts ans nous sommes en travail et en arrêt. Non toutefois sans avoir fait quelques pas et sans avoir acquis certains aperçus. Sommes-nous monarchiques? Je me le demande. Les faits ne le sont guère; car voilà quatre-vingts ans que nous avons des monarchies non héréditaires. Or, je ne sache rien de plus analogue à la République que cette élection du pouvoir exécutif qui semble en être l'élégibilité. Pour ce qui est de nos sentiments et de nos convictions à l'égard de la monarchie, ici encore tout est confus; il y aurait parmi nous quelque impatience du sot succédant au trône par droit de naissance : Pascal en prenait son parti, mais nous avons dépassé Pascal, et nous ne supportons rien de pareil sur le trône, ni pour succéder, ni pour durer. Et nous n'en sommes pas plus républicains pour cela. Nous avons des pouvoirs instables; mais nous répugnons à mettre cette instabilité dans les lois, à lui faire sa part, à la régler, à la prévoir. Dans cet état des faits et des esprits, nous vivons d'expédients politiques, constituant pour le besoin du jour des pouvoirs qui sont des personnes, puis, quand ces personnes ont démérité, les changeant ou les délaissant pour d'autres. Ces pouvoirs, ai-je dit, sont personnels, ce qui signifie de grandes attributions, une grande prépondérance du chef de l'Etat. Absolus et despotiques, ils ne sauraient l'être depuis 1815; l'opinion est une puissance qu'ils ne contestent pas, même quand ils entourent de citadelles, même quand ils remplissent de casernes, de corps de garde crénelés, de lignes droites comme celle de Versailles ou d'un polygone la capitale de l'opinion.

Pas de classes gouvernantes, pas de classes gouvernables; voilà notre surface. Ajoutez nulle borne et nulle voie à nos aspirations; avec cela une société qui ne peut périr, ayant tant de fois survécu à ses crimes et à ses malheurs; une société qui ne peut servir parce qu'elle a une grande histoire et toutes les raisons de penser qu'elle a plus d'esprit que Voltaire, plus de génie que César.

Au milieu de tout cela, quel est le droit, l'intérêt, l'avenir? Si par hasard le lecteur m'adressait cette question, je lui en ferais une autre à mon tour; celle-ci par exemple, où reparaît l'objection tirée du suffrage universel que nous avons rencontrée plus haut. Lequel vaut mieux d'un pouvoir fort, nanti d'attributions qui fondent sa prépondérance; d'un pouvoir extérieur et supérieur en quelque sorte à la société, capable dès lors de réduire en droit ou en fait le suffrage universel? ou bien d'un pouvoir partagé et contrôlé par le pays, subissant sur la politique étrangère le contrôle et l'impulsion du pays, mais laissant subsister sur l'avenir cette menace du suffrage universel?

Peut-être optez-vous pour le pouvoir fort et modérateur. Vous ne serez pas seul à opiner de la sorte; toutefois, il vous reste à prévoir, à reconnaître au juste ce que signifie cette force du pouvoir où vous apercevez le salut du pays. Au fond c'est la dictature; une dictature permanente, dès à présent et à jamais (notez ces deux points-ci), pour faire obstacle à celle qui pourrait bien naître un jour des passions égarées du suffrage universel. Je n'exagère rien; un pouvoir fort, c'est un pouvoir maître des élections, et cela

veut dire : ni droit des journaux, ni droit de
réunion ; car ces lumières de l'électeur seraient
des obstacles à l'influence, à la direction officielle
qui doit prévaloir dans les élections. Remarquez
bien que le mal à prévenir est celui d'une assemblée violente et subversive..... d'où il suit que la
force capable de prévenir ce mal doit être une
force maîtresse des élections.

De là un parlement sans volonté, d'où l'origine
officielle, administrative, exclut le mandat
national ; en définitive un pays sans voix, sans
représentants, un pays muet sur ses affaires;
étranger à son gouvernement, plus de pays
enfin..... Telle serait la France, douée du suffrage universel, livrant ses élections au gouvernement pour les soustraire à ce pouvoir nouveau,
inconnu, incalculable. Cela posé, j'estime qu'il
importe d'aller au plus pressé, c'est-à-dire à la
restauration des droits du pays sur lui-même. Il
est bon de penser à l'avenir, et l'on ne croit pas
en avoir méconnu les mauvaises chances ; mais,
après tout, l'avenir est incertain, et pour l'empêcher de naître avec sa malfaisance éventuelle, il
ne faut pas subir dès aujourd'hui le plus grand
mal qu'il pourrait nous faire, un mal certain, un
mal fait pour durer aussi longtemps que nos crain-

tes; il n'y aurait jamais à ce compte de liberté française, ni dans l'avenir, sous la domination des masses, ni dans le présent sous le régime qui vous paraît nécessaire pour prévenir cette domination.

Est il bien sûr d'ailleurs que l'empire des masses soit nécessairement une malfaisance et une oppression. Les masses, disions-nous, auront quelque jour le sentiment distinct de leur force et la tentation d'en user, ce qui, dans l'état de leurs rancunes et de leur intelligence, suppose nécessairement un abus. Mais vous pouvez me répondre que cette force, elles l'ont toujours eue, ce qui ne les a pas empêchées de supporter des pouvoirs répressifs, quels que fussent les vices et les excès mêlés à cette répression. Au fond, c'est la conscience humaine, c'est le sens moral qui fait vivre la société et les gouvernements. Si les malfaiteurs étaient en majorité, ils auraient bientôt raison des gendarmes ; c'est par un effet de la lumière qui éclaire tout homme venant au monde qu'ils sont en minorité; rien ne prouve mieux que les hommes ne sont pas purement des requins, malgré les apparences et l'avis conforme de Hobbes.

Notre conscience est surtout une base et une

foi aux gouvernements, par où nous estimons légitime une force instituée contre les égoïsmes. La
conscience ne réussit pas toujours à nous détourner du mal, ni surtout à nous persuader le bien,
égoïstes que nous sommes, préposés avant tout à
notre conservation. Mais elle réussit, elle excelle
à nous faire supporter des gouvernements qui
nous interdisent le mal dont nous sommes tentés,
qui font le bien dont nous sommes incapables.
Voilà l'effet le plus clair de notre conscience : il
ne faudrait pas lui en demander beaucoup plus.
Il lui arrive même quelquefois de passer le but,
faisant des esclaves qui croient au droit de leurs
maîtres. Cela n'est pas sans exemple, et cela montre en passant combien les révolutions (ce syno-
nyme de tout mal, si j'en crois la queue de certains partis), sont pourtant légitimes, puisqu'elles
triomphent et de la force matérielle des gouvernements, et de la force morale, du préjugé naturel
qui nous les recommande dans le for intérieur.

Maintenant, étant donné le suffrage universel,
la question est de savoir si la conscience en vertu
de laquelle les masses ont longtemps supporté les
gouvernements, aura l'effet de modérer les masses
changées elles-mêmes en gouvernement ?

Ici apparaissent deux hypothèses : l'une que le

nombre sera, étourdi dans sa conscience par le
caractère légal de sa force, et prendra pour justice
les intérêts du nombre, la loi des majorités ; —
l'autre que le nombre, érigé en souverain, inter-
pellé comme législateur, introduit comme pouvoir suprême sur les hauteurs du gouvernement,
prendra dans cette fonction de la clairvoyance et
du sang-froid. Voulez-vous d'un homme frivole et
paresseux, faire un homme sérieux, appliqué, attentif, inquiet à la poursuite de la vérité ? Faites-
en un juré. La souveraineté élève les hommes, et
le peuple français, le peuple parisien surtout, est
fort accessible aux sentiments élevés ; on peut lui
parler de haut, et l'on s'en fait entendre, on s'en
fait suivre même. C'est le meilleur souvenir qui
me soit resté de 48, et de certaine éloquence qui
fut le gouvernement de cette époque ; éloquence
d'un grand esprit, qui ne laissa pas, tout en res-
tant elle-même, de plaire aux foules, aux tempêtes, et d'y produire un miracle d'apaisement.
Ainsi nous faisons avec le suffrage universel une
expérience de la conscience humaine, telle qu'on
n'en a jamais vu. Nous allons voir ce qu'elle sait
faire, ce qu'elle sait empêcher ; ou plutôt nous
allons voir ce que vaut l'homme, un animal pour
l'égoïsme, un dieu par ce qui palpite en lui de

grand et de dévoué. Cette grandeur, cette divinité, c'est la conscience, ce n'est pas l'esprit, qui pourrait fort bien être le simple et vil instrument de l'égoïsme, de la conservation, de la pâture individuelle, un organe de rapine. La question est de savoir si le citoyen vaut mieux que l'homme, si l'individu s'améliore, érigé en pouvoir public, s'il acquiert les qualités de cet emploi et abdique le vice de sa nature, qui est l'égoïsme. Faisant l'homme souverain, nous allons tout à la fois et l'induire en tentation prodigieuse, et l'exalter dans toute sa taille, l'interpeller, le pincer dans ses disciplines les plus hautes, dans ses fibres les plus réprimantes.

Entre ces deux hypothèses, je ne me prononce pas. Commençons par être libres et par acquérir les forces qui se développent dans la liberté ; nous verrons après cela ce que le suffrage universel a dans ses flancs. Pour une lutte, il faut des forces ; on les entretient mal dans l'effacement et l'abdication. Que la condition de ce pays est dure ! Il n'en a pas plutôt fini avec certaines espèces exploitantes et dévorantes, rois, augures, patriciens, qu'il lui faut compter avec les masses, souveraines et besoigneuses. Je ne nie pas une certaine loi de l'histoire, qui fait tantôt les propriétaires

souverains, tantôt les souverains propriétaires.
Est-ce que par hasard la propriété serait le profit
nécessaire de la souveraineté? Est-ce que la souveraineté n'est pas plutôt le droit naturel de la
propriété? Quel que soit à cet égard le doute et
le péril, ce n'est pas une raison pour subir cette
force du pouvoir telle qu'on vient de la définir,
destructive en ce pays de toute faculté politique,
réduisant à rien l'indépendance de l'électeur, l'initiative parlementaire et le concours de l'esprit
français au gouvernement de la France.

## SECTION XII

#### SI DANS L'HYPOTHÈSE OU LA LIBERTÉ EST NÉCESSAIRE, ELLE PEUT ÊTRE PRATIQUÉE PAR LE RÉGIME PARLEMENTAIRE.

Ainsi, vous tenez pour le pouvoir réel du pays
sur lui-même, et ce pouvoir vous le voulez dès à
présent, à tous risques, sans souci de l'avenir?
Mais ce libéralisme, comment allez-vous le réali-
ser? Par le régime parlementaire?

Ah! votre aveuglement est prodigieux! Ne
voyez-vous pas les choses nouvelles et particu-

ţières de ce temps, de ce pays, par où le régime
parlémentaire ne lui convient pas plus que l'ancien régime ne lui eût convenu en 1814 ? Ne com-
prenez-vous pas qu'il faut adapter nos institutions à ces nouveautés ? Et que si la liberté est
désormais la substance des institutions, il faut
nous faire une liberté nouvelle de son côté, cal-
quée sur ces conditions ?

Je sais ce que vous voulez dire ; je les connais
ces conditions ; mais je vous défie d'y faire droit
par des institutions nouvelles et d'y pourvoir autrement que par le régime parlementaire, qui se
compose après tout des élus du pays et de l'opinion du pays : une forme de souveraineté d'où
l'on peut attendre tous les redressements. Comp-
tons, s'il vous plaît. Pouvez-vous faire une liberté appuyée sur les castes, ou tout au moins sur
une pairie héréditaire ? Pouvez-vous transporter
dans la législature le département des affaires
étrangères ? Pouvez-vous faire une loi organique
sur l'âge de la retraite monarchique ? Pouvez-
vous abolir le suffrage universel ? Non ! quatre
fois non ! Eh bien, alors, il ne vous reste plus
qu'à restaurer le régime parlementaire, qui crée
une aristocratie politique, une classe de candidats
et d'aspirants politiques : qui transporte *en fait*

la politique étrangère dans les attributions d'une assemblée ; qui supplée par l'éternelle jeunesse de cette assemblée à la vieillesse des monarques ; qui épure le suffrage universel, qui le met à deux degrés dans un ministère issu d'une assemblée. Ainsi sont résolues les questions, ainsi sont corrigés les vices auxquels nous avons fait tant de fois allusion : non d'une manière complète et instantanée, mais de cette façon approximative et successive qui est l'allure humaine des nations les plus civilisées.

Telle est la chose, la seule chose qui soit à faire. On la demande comme le progrès même, partout où le progrès est demandé. Et dans les régions officielles, on la consent dès qu'on incline aux concessions et aux réformes. *On couronne l'édifice*, soit en restituant les débats de l'adresse, soit en envoyant les ministres s'expliquer devant le parlement, soit en promettant aux électeurs réunions et journaux.

Parce que le régime parlementaire existe chez les Anglais, c'est une raison pour qu'il existe chez nous. Chaque peuple a sa mission, qui est de faire une chose exemplaire dans l'ordre politique comme dans l'ordre économique. La France peut citer ses maximes et sa machine administratives qui, depuis vingt-cinq ans, sont fort imitées des Anglais. Pourquoi prendrait-elle en méfiance un mécanisme politique pratiqué à côté d'elle et vérifié comme un instrument de progrès ? Le libre échange, que nous avons adopté, a justement pour base cette production et cette fusion universelle où chaque peuple, faisant uniquement ce qu'il fait le mieux, pratique pour tout le reste l'emprunt universel. Seulement, dans l'ordre économique, l'emprunt, c'est l'échange ; dans l'ordre politique, c'est l'imitation.

Le régime parlementaire, avec beaucoup de temps et d'épreuves, est ce qui réussit le mieux à faire paraître la volonté d'un peuple : formant les peuples et les rois, enseignant aux premiers une volonté patiente, aux autres une volonté réduite et flexible : récompensant les peuples par la liberté, et les dynasties par la durée de leur pouvoir, qui est le fond du désir royal, bien plus que l'étendue de ce pouvoir.

Voulez-vous l'ordre, dirai-je au pays ? Eh bien, adoptez ce régime, où la volonté nationale monte en s'épurant, en se criblant, et s'impose au monarque dans cet état, dans cette valeur salutaire. Renoncez à l'idée d'un pouvoir personnel qui vous rendrait tous les services d'un pouvoir national, où vous trouveriez les bénéfices de la liberté sans ses orages. Cela est chimérique : il est d'expérience qu'un pouvoir personnel est tôt ou tard un instrument de vues et de fantaisies personnelles.

Voulez-vous durer, dirai-je aux dynasties? c'est un souhait très-permis ; mais alors subissez ou plutôt invoquez le régime parlementaire, conservateur des dynasties, parce qu'il fait profession de l'ordre, dont vous êtes une condition, parce qu'il constate l'opinion du pays et la nature des choses, méconnues, violées par Napoléon I<sup>er</sup>, avec les suites que l'on sait. Un pouvoir personnel est peut-être le besoin de telle crise qui s'est abattue sur un pays; mais c'est la réprobation des temps réguliers. La personne investie de ce pouvoir peut le conserver par de là les circonstances critiques qui le lui ont déféré ; mais à quel titre le transmettra-t-elle, quand a disparu celui des nécessités qui l'avaient créé et celui des services qui l'avaient justifié?

# CHAPITRE III

DE L'ENSEIGNEMENT PRIMAIRE. — DIVISION DU SUJET.

Nous venons d'étudier ce que vaut le régime parlementaire : nous avons essayé de montrer qu'il est seul capable de répondre aux grandes fins d'une société moderne, et qu'il fait la fortune des dynasties comme celle des nations. Mais ce régime s'est compliqué parmi nous d'une institution nouvelle et immense qui est le suffrage universel. Est-ce une raison pour réduire, pour dégrader les pouvoirs du Parlement dont telle est désormais la source? Ou bien faut-il élever l'esprit de la nation à la hauteur de ces pouvoirs qu'elle n'exerce pas elle-même, mais qu'elle constitue et qu'elle pourrait bien un jour inspirer et maîtriser? Si cette dernière solution est la vraie, il reste à savoir comment et à quel prix se fait l'éducation d'un peuple souverain.

On voudrait établir à ce sujet les faits et les solutions que voici :

1° Beaucoup d'enfants ne vont point à l'école;

encore plus d'enfants (les deux cinquièmes) sortent de l'école sans y avoir rien appris qui vaille, qui dure surtout et qui leur reste.

2° Ce n'est pas l'école qui manque aux enfants : car huit cents communes seulement sur trente-sept mille sont dépourvues d'écoles.

3° C'est l'enfant qui manque à l'école, attendu qu'elle est chère; doublement chère, et par la rétribution payée à l'instituteur, et parce que l'enfant envoyé à l'école est un ouvrier perdu pour la famille.

4° La gratuité de l'école corrigerait tout. On pourrait y ajouter l'*obligation* imposée aux parents rebelles, et, d'après l'exemple de certains pays, la subvention accordée aux familles qui sont rebelles parce qu'elles sont pauvres. Mais on verra, en y regardant de près, que ces mesures additionnelles sont de purs détails auprès de la gratuité qui est la chose principale, et par la hardiesse des principes engagés, et par le chiffre de la dépense, et par la somme incalculable des profits comme des périls qui sont au bout de cette réforme adoptée ou rejetée.

## SECTION I

SUFFIT-IL DE CULTIVER L'ESPRIT DES MASSES? NE FAUT-IL PAS EN
OUTRE AMÉLIORER LEUR CONSCIENCE ET LEUR CONDITION ?

Il s'agit de l'esprit du peuple français à façonner, à cultiver; ce qui a tout l'air d'une grande
chose. Mais il faut voir si cette chose dans sa
grandeur se suffit à elle-même. Or, je rencontre
ici une objection considérable qu'il convient d'exposer dans tout son jour. Elle s'exprime ainsi :

« Vous parlez d'instruction, mais non d'éducation ; de culture intellectuelle, mais non d'a-
mendement moral. L'esprit des masses est tout
ce qui vous préoccupe... C'est pourquoi je vous
accuse d'insuffisance et d'imprévoyance.

« L'esprit n'est pas la conscience, l'entende-
ment est autre chose que le sens moral. L'esprit est une force voilà tout : une force pour
comparer, juger, combiner, pour atteindre un
principe dans les conséquences qu'il contient,
et un but par les moyens qui s'y ajustent.
Mais elle peut servir au mal comme au bien.
Si vous la développez, elle sera capable de plus

de mal et de plus de bien qu'auparavant; c'est
tout ce que vous pouvez attendre de vos soins.
Est-ce dans les masses que vous la cultivez?
Je reconnais alors que l'œuvre prend les proportions de son objet, que vous mettez ainsi
dans la société plus de force, plus de valeur,
plus de vie, que vous faites œuvre de progrès,
et peut-être même de création. Mais il vous reste
à parfaire l'œuvre moralement et économiquement Cela veut dire qu'à cette force nouvelle vous
devez imposer une règle nouvelle, et trouver un
emploi nouveau. Autrement où serait l'avantage
de faire plus forts ceux dont vous n'améliorez
ni la condition, ni la conscience? »

A cette objection qui vous étonne, qui vous
choque peut-être, j'aime à croire que vous entre-
voyez déjà maintes réponses. Mais écoutez-la
jusqu'au bout. Vous n'en finirez avec elle une
bonne fois que la sachant tout entière, et dans
toute la subtilité de ses apparences. Peut-être
même arriverez-vous, dans le malaise d'une conviction déplacée, à lui faire une place dont vous
serez surpris tout le premier, à la prendre en
considération et en ménagement.

« Ne me parlez pas, dit-elle, de vos statistiques
où vous croyez lire que la criminalité est en raison

inverse des écoles, de leur population, de leur succès. Le nombre de crimes a diminué sans doute ; mais ne perdez pas de vue que tel méfait qualifié crime par les anciennes lois, est qualifié délit par la loi nouvelle. Il n'y a qu'un mot de changé dans la loi, rien d'amélioré dans les mœurs. En voici une preuve : c'est que dans la matière des délits où les définitions légales sont demeurées les mêmes, le nombre des accusés est quasi le même, — 25,000 en 53, 24,000 en 63. — Quant à la Suisse, à la Bavière et au pays de Bade, je récuse absolument le témoignage de ces pays en faveur de l'instruction primaire. Faites-moi d'abord le décompte des influences très-diverses qui peuvent expliquer la moralité supérieure de ces pays. Montrez-moi que la religion prise au sérieux, que la vie des champs mêlée au travail de la manufacture, que l'émigration emportant les plus pauvres, qu'un adoucissement des lois analogue à nos réformes pénales, ne sont pour rien dans ce progrès et que l'école primaire a tout fait, tout améliore.

« Plus une société avance, mieux la police y est faite ; ce qui est vrai surtout d'une société comme la nôtre, où l'on a multiplié l · nombre des commissaires de police et accru les pouvoirs de la gen-

darmerie. Si la certitude de la répression est plus
efficace que sa rigueur, ainsi que l'entend Montesquieu, il y a là quelque chose parmi nous qui
a bien pu améliorer les mœurs, en tant qu'elles
se révèlent à la statistique. Savoir lire et écrire
est une objection à mal faire qui n'approche pas
de cet obstacle préventif, je veux dire de celui qui
parle aux yeux dans une police mieux faite,
mieux servie, qui arrête en quelque sorte le
bras levé et la main furtive.

« Ne me dites pas non plus que l'homme du
peuple, avec un esprit cultivé, est capable de
plaisirs spirituels, et les préférera aux plaisirs
énervants et dispendieux, aux grossièretés du
cabaret. — Il lira peut-être; mais que lira-t-il?
Tout dépend ici du choix des lectures. Et pourquoi ira-t-il aux meilleures, que rien ne lui recommande dans la culture qu'il a reçue? Car
cette culture n'est que le façonnement et l'aigui-
sement d'un outil, sans direction salutaire qui
lui soit naturelle ou communiquée.

«Vous imaginez peut-être que l'esprit populaire
plus cultivé percevra mieux la liaison de l'utile
et du juste, ce qui est une direction, une impulsion vers le bien. Mais prenez-y garde, ceci n'est
pas beaucoup moins que la vertu même : car

c'est le sacrifice de l'avantage présent à l'avantage supérieur et futur. Il faut le temps en effet pour accomplir cette fusion de l'utile et du juste, qui est une des lois de la nature, celle-ci employant en toutes ses lois, en toutes ses harmonies, cet élément de la durée qu'elle nous a mesuré de si près. Il n'est peut-être pas indifférent que l'avenir nous montre les profits, les plaisirs supérieurs d'une conduite selon la morale : mais en attendant l'immoralité est là, *hic et nunc*, sollicitant par un attrait actuel des êtres d'une condition misérable, fort empressés *à se divertir*, selon l'expression de Pascal, peu habitués à rencontrer des fleurs sous leurs pas. Les plus consommés en réflexion et en savoir échappent difficilement à cette séduction du moment. C'est pourquoi l'on peut douter ici des effets de l'enseignement primaire : à la rigueur, on peut même s'en défier.

«Telle nature perverse, pour être cultivée, n'en sera peut-être que plus habilement, plus puissamment perverse. Elle saura ce qui n'est pas défendu, et le fera; elle saura ce qui est défendu, et le tentera selon les chances de succès, selon les degrés de punition qui lui apparaissent. Il vous souvient peut-être d'avoir vu cela sur la scène, dans un mélodrame fameux, dont une censure toujours bien avisée défendit la 175ᵉ représentation, sous les traits de deux coquins exemplaires qui ont enchanté longtemps l'imagination parisienne. La scène est une *maison habitée* où ils ont pénétré *de nuit, par escalade,* ni plus ni moins..., et l'un d'eux, le faible Bertrand, donne tous les signes de l'agitation la plus déplorable. Mais l'autre le reprend avec autorité : « Imbécile, qui est-ce qui te fait peur? Quoi, pas la plus petite arme, pas d'effraction! » Ce bandit, dans sa littérature pénale, possédait à fond la théorie des circonstances aggravantes. Il n'en avait que trois contre lui : c'était un cas, un simple cas de galères : il le savait, et cette science faisait sa force, son audace, sa haute supériorité sur le complice ignare qui, dans sa candeur, se voyant déjà au pied de l'échafaud, allait perdre ses moyens, son doigté, devant la première serrure ou le moindre sou qui lui tomberait sous la main.

« L'utile, pris dans un sens élevé et prévoyant, touche de si près au bien et au vrai, se confond tellement avec la vertu, que les moralistes peuvent puiser le devoir indifféremment à l'une ou à l'autre de ces sources : ils arrivent aux mêmes devoirs. Ne comptez pas sur quelques années passées à l'école pour élever les masses, par une certaine amélioration de leur esprit, à cette entente et surtout à cette observance de leur intérêt.

« Ne me dites pas enfin (c'est toujours l'objection qui parle) que le progrès futur des sociétés doit venir d'une culture supérieure de l'esprit, parce qu'il en est toujours venu. Comment avez-vous lu l'histoire, si, dans un effet comme le progrès social, vous n'avez pas vu une cause comme les religions, lesquelles s'adressent apparemment à l'homme tout entier et non pas seulement à cette lueur, à cette pointe, à cette flamme de l'esprit?»

Voilà l'objection qu'on peut élever contre les écoles, laquelle semble borner étrangement leur mérite : il s'agit de le retrouver dans toute son étendue. Disons d'abord qu'en dehors du bien et du mal, il y a l'utile, où l'on peut beaucoup attendre de l'esprit et de son développement; que toutes choses au monde n'ont pas ce caractère moral par où elles sont bonnes ou mauvaises, notamment les choses économiques, agriculture, industrie, commerce, très-intéressantes néanmoins; que l'esprit de l'homme, en vaquant à ces besognes, ne fait pas œuvre de de dévouement, mais qu'il fait néanmoins une chose permise et salutaire, préposé qu'il est entre autres fins à la conservation de l'individu ; que si l'esprit reçoit une culture supérieure parmi les masses, il y a dès lors une force supérieure acquise à la prospérité sociale. Toutes les actions humaines ne sont pas moralement bonnes ou mauvaises, parce que toutes n'ont pas l'homme pour objet : beaucoup s'adressent à la nature, qui est notre domaine, notre proie légitime, où l'esprit est d'un grand secours. Cela ne fait pas que l'esprit soit une force morale directement ; mais il est à coup sûr une force économique, par où il est capable d'accroître le bien-être, de relever la condition de l'homme et, notez bien ceci... tout ce qui va se relever dans son âme, dans l'affranchissement de sa nature spirituelle et pensante, sous le bienfait d'une condition améliorée et respirable.

L'homme dont l'esprit a été cultivé ne ressent pas plus servilement pour cela l'ardeur des appétits physiques ; j'ajoute qu'il perçoit plus distinctement la loi morale.

Si l'esprit n'est que le don de voir, la vue morale de l'esprit doit se développer aussi bien que toute autre par l'effet de l'instruction ; et s'il aperçoit plus nettement, soit la règle, soit la liaison de la règle accomplie avec son véritable intérêt, il subit une impulsion de plus vers le devoir, il acquiert une chance nouvelle de bien faire. Ainsi, du même pas que l'esprit vient aux gens, leur conscience s'éclaire et se développe : un avantage qu'on ne peut refuser après tout à la culture intellectuelle.

---

## SECTION II

S'IL FAUT UN SURCROIT DE DISCIPLINE ET D'OCCUPATION POUR LES FORCES NOUVELLES NÉES DE L'ENSEIGNEMENT PRIMAIRE.

Mais je dois une réponse catégorique à cette observation, qu'il n'est pas permis de mettre dans la société une force nouvelle, comme l'esprit des masses dûment cultivé, sans lui imposer une règle nouvelle et sans lui trouver un emploi nouveau.

Étant donné que cette force ne sera pas inerte et contemplative, qu'elle crèvera d'aspirations et débordera en œuvres de toute sorte, j'admets pleinement qu'elle sollicite un surcroît de discipline, un parallélisme de sujétion et de règle-

ment. Cette force est humaine : cela veut dire
égoïste. Car l'égoïsme est le fond de l'humanité :
quelquefois inoffensif, ne faisant d'autres vic-
times que la nature et les animaux : mais quelquefois aussi agressif contre le prochain qui est
l'obstacle, le concurrent, la proie. *Point de liberté
qui n'ait son règlement*, a dit un légiste célèbre, qui
pendant cinquante ans a tout rempli de ses bons
mots et de ses axiomes. Cela signifie que dans tout
ordre de faits, l'homme touche au méfait, et que
l'abus est à craindre de toute faculté humaine.
D'où il suit que ce fond inaltérable et vicieux ne
peut acquérir des forces nouvelles, ce qui est
l'effet de l'enseignement primaire, sans encourir
des règles nouvelles. Les déterminer, les imposer
est l'affaire du législateur et des services répressifs
institués contre la nature humaine et contre son
péché originel, ou, si vous aimez mieux, son
vice permanent d'égoïsme. Vous apercevez là
une fois de plus que le rôle de l'État, dans une
société progressive, est un un rôle croissant en attribution, en activité. Les Anglais eux-mêmes en
passent par là. Artistes inconscients d'eux-mêmes
et de leurs procédés nouveaux, ingrats envers le
principe de leurs progrès actuels, ils renient leur
prose, ils se livrent à des exordes, à des glorifi-

cations effrénées du *principe volontaire*, comme dit M. Gladstone. Mais attendez la fin ; ils ne laissent pas que d'aboutir et de conclure au règlement ; ils se transforment après tout, ils passent du laissez-faire à l'ubiquité de l'État, en même temps et par la même raison que d'aristocratie, ils deviennent démocratie. Ne faut-il pas prévoir le méfait et créer la répression partout où se répand l'humanité ? ne faut-il pas suivre, le règlement à la main, ses expansions et ses déchaînements ? Dans ce sujet, où l'expansion est celle de l'esprit populaire, le règlement qu'il faudrait inventer, s'il n'existait déjà, c'est celui du colportage. Voilà un exemple, auquel je ne m'attendais pas, des disciplines qui correspondent à toute émancipation : un cas, entre autres, de ce développement des pouvoirs publics, qui est le fait préalable ou ultérieur d'une société progressive.

On a tenté ailleurs cette démonstration, à l'insu du public bien probablement : en tout cas, on désespère de la faire tenir dans une parenthèse. Nous ferons aussi bien de n'en plus parler et de passer à cet autre aspect de l'objection, à ce problème de l'emploi nouveau, de la destinée superieure que rêveront les forces nouvelles créées dans le peuple, laquelle dérobera peut-être devant leurs aspirations. Oui, qu'est-ce que va faire la société, leur ignorance une fois dissipée, de tant d'êtres qui venaient au monde ignorants et nus, pour vivre à peu de chose près comme ils étaient nés? Ayant éclairé leur esprit, que fera-t-elle du surplus de leur misère? Va-t-elle les revêtir d'un patrimoine, d'une carrière ouverte, d'un avenir assuré, au lieu de la vie précaire et calamiteuse qui eût suffi à leur ignorance d'autrefois? Ici à la rigueur vous auriez lieu de concevoir quelque alarme; et si vous avez l'esprit orné, vous pourriez l'avoir fort inquiet, n'ayant que le choix des réminiscences, des analogies, des légendes, ironiques ou terribles. Vous avez d'abord *l'élève du sorcier* avec sa science mal comprise, avec ses instruments, dont il n'est pas maître, qui submergent tout,..... Vous avez ensuite ce Melmoth, un bloc d'argile, une statue qui devient entre des mains créatrices un homme animé et pensant, mais qui obsède, qui poursuit son créateur en lui demandant la vie tout entière, une compagne, des amis, l'épanouissement de tout l'être confus dont il porte en lui les germes et les besoins indomptables.

Laissant la ballade pour l'histoire, il ne tient

qu'à vous d'entrevoir dans notre passé une certaine menace inhérente à l'enseignement gratuit des masses. C'est ainsi que l'Église enseignait les lettres au siècle dernier, et même sous tout l'ancien régime. Or, ce sont les classes lettrées à ce prix qui ont détruit l'ancien régime. Que l'enseignement primaire soit gratuit, et nous aurons peut-être une autre révolution, par le peuple cette fois, d'autant plus qu'il n'a pas attendu cette façon pour montrer parfois une humeur assez inquiète. Suivez ce raisonnement. Voilà le P. Porée, un jésuite, qui fut le professeur de Voltaire. Or, les jésuites et après eux les oratoriens furent détruits avec la société qui les portait, détruits par leurs élèves qui apparemment ne trouvaient pas cette société assez juste, assez spacieuse. Faut-il s'attendre de la part des produits primaires à la même reconnaissance? Pour ma part, je n'en crois pas un mot.

Oui, tous les ans il apparaîtra dans la société quelques centaines de mille jeunes gens, l'esprit ouvert et fecondé, l'âme pleine d'attente, d'aspiration. Mais ce n'est pas à dire que la société va leur faire défaut : d'abord, ils y apportent une force capable de trouver, de créer elle-même son emploi. La science compte divers

agents de production, elle en compte jusqu'à
trois : terre, capital, travail. Mais qu'est-ce que
cela auprès de l'esprit? Or, si l'esprit est développé
du haut en bas d'une société, est-ce qu'il ne va
pas développer toute chose avec lui? Vous pensez
peut-être à l'emploi humble et répugnant qui
n'aura plus de preneurs. Mais croyez-vous qu'aux
États-Unis, il n'y ait ni cantonniers, ni portefaix?
Seulement, dans une société bien apprise, la lour-
deur et la vulgarité du travail n'est plus qu'un
noviciat, un temps à passer?

Je ne prétends pas dire que tout le monde aux
États-Unis naisse bûcheron et devienne prési-
dent. Mais cette aventure extrême d'Abraham
Lincoln ne marque pas mal les vicissitudes qui
se rencontrent en ce pays de savoir universel et
dont aucune n'arme personne contre la société,
parce qu'aucune n'implique l'exclusion et la dé-
gradation à jamais.

La France d'ailleurs est peut-être le dernier
pays où l'on puisse craindre un défaut d'emploi
pour l'esprit du peuple, une disproportion entre
l'état de son intelligence et la somme des travaux
qui lui sont offerts.

Dans l'ordre économique, tout en France a
reçu des développements, des encouragements

prodigieux. Le crédit, la communication, l'é-
change, ont été perfectionnés et multipliés, le
gouvernement ayant traité ces intérêts d'une
manière magnifique, par ses fondations, par ses
subventions, même par ses émancipations. De là
un essor inouï de travaux publics, collectifs ou
particuliers. Les forces du capital, les forces de
l'association, les forces musculaires, ont été puissamment sollicitées. Mais l'esprit a été négligé,
ce contingent d'esprit qui existe dans les masses
et qui ne saurait être infructueux dans l'œuvre
productive, dans le concours qu'elles y apportent.
Je ne veux pas dire que l'intérêt des masses ait
été complétement négligé : non, il s'en faut de
tout. La révolution leur a livré la terre, et la prospérité publique ne peut se développer sans mettre
un plus haut prix à leur travail : ajoutez que les
établissements ne manquent pas pour prendre
soin du capital créé par leur épargne. Mais l'esprit, cet esprit qui court les rues et les champs,
on n'a rien fait pour lui ! Et c'est merveille que
les aptitudes ouvrières, que les facultés humaines
n'aient pas manqué parmi nous à tant de choses
nouvelles qui se sont faites depuis vingt-cinq ans.

A vrai dire, la disproportion est choquante entre
ce qu'on a fait de matériel pour encourager la

production, et ce qu'on a oublié de faire pour un
agent de production tel que l'esprit populaire. Il
y a tel pays dont l'œuvre économique a surpassé
les forces intellectuelles. En Espagne, il a fallu
tout porter pour créer les chemins de fer, non-
seulement les capitaux, mais les ingénieurs, les
piqueurs et jusqu'à des chaînes d'arpentage. On
voit que cette disproportion n'est point sans
exemple et sans inconvénients. La France ( dans
l'hypothèse d'un large enseignement primaire)
offrirait-elle le phénomene contraire, c'est-à-dire
plus d'intelligence que de matière et d'occasions
économiques à cette intelligence? Non vraiment ;
la France n'est pas l'Espagne, et je conclus hardiment, en ce qui nous regarde, que les emplois,
que les choses ne sauraient manquer aux hommes
nouveaux et meilleurs, dressés par une diffusion
de l'enseignement primaire, alors surtout que
l'intelligence et la culture populaire sont elles-
mêmes des moyens de création.

On ne pourra plus dire, quand nous en serons
là, que les bras et l'intelligence manquent à
l'agriculture : une plainte qui est fréquente. Il
est certain que la richesse foncière n'a pas été
la plus développée récemment, et l'on peut dire
que la richesse mobilière a pris le pas dans les

préférences du gouvernement et de la société. Vous voyez là, au premier coup d'œil, tout ce qui reste d'emploi utile et vacant pour l'esprit du peuple français. Car il n'est pas de pays où le sol exerce plus d'attrait, et il n'est pas de fond comparable à celui-là pour enrichir ou pour relever un pays : la Hollande, le plus capitaliste des pays, s'est relevée d'une longue décadence par les soins donnés à son agriculture, soit en Europe, soit à Java, dans les exploitations du gouvernement. On voit qu'il reste un fond nouveau parmi nous ou du moins un fond négligé jusqu'à présent, pour employer cette force nouvelle de l'esprit populaire , qui serait développée par les écoles gratuites.

En résumé, l'emploi existe pour tous les enfants qui sortiront avec profit des écoles primaires, il existe dans la virtualité, dans l'élasticité de nos forces productives. Et s'il n'existait pas, rien ne serait plus propre à l'inventer que la culture universelle du peuple français : car l'esprit est une force pour produire comme pour tout, particulièrement l'esprit des classes qui manient le travail; or, cette force est la seule qui n'ait pas été encouragée et fécondée de nos jours. D'où il suit que la développant, on ne court nul risque de

troubler la paix sociale et l'équilibre productif :
on ne fait au contraire que leur prêter main forte
et main pleine.

———

## SECTION III

### DU GENRE D'ESPRIT PARTICULIER AUX MASSES DANS CE PAYS.

Ainsi, notre société n'a pas lieu de traiter en
suspects l'esprit et l'enseignement qui développe
l'esprit parmi les masses : elle a tout ce qu'il faut
de ressources et d'aplomb, elle est assez juste,
assez forte, assez spacieuse, pour supporter le jeu
et l'ébranlement de ces forces nouvelles. Cela entendu, poussons plus loin et montrons dans
toute sa gloire ce que nous venons de justifier.

Rien n'est grand comme l'éducation, celle du
peuple surtout. Car l'éducation, c'est l'avenir ;
quant au peuple, c'est la classe fondamentale où
s'élaborent, où se recrutent les classes supérieures,
d'autant plus abondantes que la richesse naturelle du fond a été plus façonnée et plus fécondée.

Cela est vrai en tout pays, même en Béotie, surtout en France, un pays d'esprit, une race où cir-
cule du haut en bas la séve généreuse qui fleurit et
fructifie comme on sait, une société enfin, qui avec
les classes et les conditions les plus diverses, n'eut
jamais qu'une âme pour reconnaître et saluer ce
qui est grand. Le fait est que nulle idée n'est
trop grande pour ce peuple : celle même qui naît
au-dessus de lui dans le loisir et la culture des
plus hautes intelligences, il la saisit, l'acclame
et lui prête sa force au besoin. Je marque tout
d'abord ce trait politique et glorieux de l'esprit français. J'insiste sur cette propriété qu'il a
de comprendre, de reconnaître, et par conséquent
d'exiger au-dessus de lui la grandeur — celle des
personnes ou celle des idées — et de ne pas se laisser gouverner à moins.

On a vu telle populace antique crier *Panem et
circenses* aux moindres Césars ; telle populace moderne crier *Viva il rey netto* pour je ne sais quels
Bourbons appauvris de Naples ou d'Espagne.
Mais le peuple français n'a rien de commun avec
ces espèces méridionales et subalternes qui ai-
ment la royauté pour elle-même.

En France, le moyen royal de plaire et de durer, c'est la grandeur plutôt encore que le bien-

fait. Car la France en ses classes les plus humbles et les plus nombreuses eut quelquefois à se louer de ses monarques, ce qui ne l'empêcha pas de les quitter dès que la grandeur les quittait : laissant là les Valois, laissant là les Bourbons, prête à laisser n'importe quelle dynastie, dès que celle-ci n'aura plus assez d'idéal dans les flancs, dès que la liberté nous paraîtra plus grande.

De sorte que, si l'esprit du peuple français était à l'abandon, la France manquerait effrontément à elle-même et à ses destinées de toute sorte, politiques, économiques, intellectuelles. Elle trahirait la loi du progrès dont elle est la force vivante, dont elle a charge devant Dieu et devant les hommes, laissant avorter tant de héros, de penseurs, de millionnaires qu'elle porte en substance et en germe dans ses profondeurs incultes, dans ses foules anonymes et inexplorées.

On pourrait faire cinquante pages de considérations sur ce que perd notre société et sur ce qu'elle risque (notez ces deux points-ci) à laisser inculte l'intelligence d'un tel peuple, qui fut toujours spirituel et qui désormais est souverain. On les fera peut-être : mais allons d'abord au plus pressé, et demandons-nous s'il est vrai de dire que l'esprit populaire soit inculte parmi nous.

Regardons les faits, écoutons la statistique.
Ici, elle est sûre et bien informée, avec des occasions telles que le mariage et le service militaire
pour demander aux gens s'ils savent lire, avec
des témoignages tels que celui des instituteurs sur
les effets, sur les fruits de l'école. Le tout est détaillé dans un document officiel qui est un morceau
achevé pour la hauteur des intentions et des vues,
pour l'étude historique et contemporaine du sujet.
Seulement, c'est un *Rapport à l'Empereur...* et il ne
plaît pas à ce document d'insister sur tel côté du
sujet où apparaîtraient certaines inadvertances
du gouvernement sous lequel nous vivons. *Non
erat hic locus.* Ici, où les bienséances sont uniquement celles de la courtoisie et de la vérité, on
essayera de faire valoir la substance de ce document et d'en réparer les oublis.

---

## SECTION IV

### ÉTAT ACTUEL DE L'ENSEIGNEMENT PRIMAIRE.

Voici où nous en sommes, voici l'état de l'enseignement primaire, tel qu'il est constaté par
ce Rapport.

En 1863, un cinquième des enfants entre sept
et treize ans n'allaient pas à l'école. Comptez tout
ce que cela représente d'enfants qui arrivent à
l'âge viril, à l'âge où l'on travaille et l'on vote,
où l'on répond de soi-même et d'autrui, dépour-
vus de ces connaissances qui sont les organes de
l'homme civilisé, les instruments de la vie en
quelque sorte. Voilà du coup et par centaines de
mille, des hommes qui se présenteront un jour
dans la société, absolument ignares et capables
seulement des emplois les plus humbles, des besognes les plus brutales... ce qui ne les empê-
chera pas d'être appelés parfois à la plus haute et
la plus délicate, celle du citoyen !

Encore n'avons-nous pas là le total de notre
ignorance. Ajoutez que bon nombre d'enfants,
parmi ceux qui vont à l'école, n'y apprennent
rien ou du moins n'en rapportent rien d'utile et
de durable. Les instituteurs pourraient bien être
tentés d'embellir les choses, quand ils parlent de
leurs élèves, ce qui est presque parler d'eux-mêmes. Il faut donc les en croire, quand ils sont
unanimes de toutes parts — laïques ou congré-
ganistes, publics ou privés — à reconnaître que
deux élèves sur cinq n'ont rien appris à l'école,
ou ne retiendront rien du peu qu'ils y ont ap-

pris. Déplorable certificat, mais digne de toute créance; car ces instituteurs, dont il émane, passent leur vie avec la classe dont ils élèvent les enfants, quelquefois même avec ces enfants devenus hommes et la matière vivante de leurs observations. Voilà véritablement des gens qui savent ce dont ils parlent! Jamais statistique ne fut si croyable et n'eut de tels contrôles, de telles preuves confirmatives, celles par exemple à tirer de ce qui se passe devant l'officier de l'état civil, à l'heure solennelle du mariage, où tant de conjoints (jusqu'à concurrence de trente-six pour cent), sont incapables de signer leurs noms.

Quels époux! quelles familles! quel avenir pour la société qu'ils rempliront de mendiants, de vagabonds, de malfaiteurs... et de représentants! Comment la société souffre-t-elle qu'on se marie, qu'on se reproduise dans de telles circonstances? Que si elle ne peut pas, que si même elle ne doit pas empêcher le fait (encore que certaines sociétés imposent aux conjoints un cens conjugal), comment du moins en souffre-t-elle les circonstances? *Nous arrivons*, dit le ministre de l'instruction publique, *à ce faible résultat de soixante enfants sur cent, sortant chaque année des écoles publiques, avec l'esprit ouvert et fécondé par ces pre-*

*mières études, qui préparent l'ouvrier intelligent et le bon citoyen. En mécanique, une machine qui ne produirait pas plus d'effet utile serait à l'instant réorganisée.*

Bien conclu et bien dit : seulement on s'avance beaucoup quand on parle de ces esprits d'enfants qui ont été à l'école, comme d'esprits ouverts et fécondés.

Parmi ces échappés de l'école primaire (on va voir que le mot n'est pas outré) capables de signer leurs noms, combien en est-il qui soient capables d'écrire une lettre, capables de déchiffrer celle qu'ils ont reçue, capables de lire assez couramment pour prendre plaisir ou profit à une lecture quelconque ? J'en connais, et des plus intelligents, qui épellent l'almanach à grand'peine. Vous rencontrez quelquefois dans les villes un ouvrier tenant un journal ou un livre : un paysan jamais.

Que voulez-vous ? Il a quitté l'école après sa première communion, qui se fait à l'âge de onze ou douze ans : peut-être n'y est-il allé que pour cela.

Maintenant pourquoi tant d'ignorance ? Cela tient-il à la nature morale des choses qui veut des ignorants comme elle veut des pauvres ? Ou

bien à la nature physique du pays qui dissémine
les populations et éloigne les enfants de l'école?
Est-ce un vice qui disparaîtra de lui-même sous
le régime actuel de l'école primaire ? ou bien faut-
il changer et développer ce régime, à tout
prix, et quoi qu'il en coûte au pays, aux familles,
à l'autorité paternelle? Cette dépense ne serait-
elle pas énorme? Et les principes engagés en cette
réforme, nécessaires pour la mener à bonne fin,
ne sont-ils pas encore plus menaçants pour les
bases même de la société que pour ses forces con-
tributives?

Ceci n'est qu'un aperçu, une simple esquisse, pour donner au lecteur quelque idée
des proportions du sujet. Mais il ne lui échap-
pera pas que ces questions sont des objections,
et qu'avant tout pour y aller avec ordre nous
devons établir directement le devoir de l'État,
qui est de défrayer et d'imposer l'enseignement
du peuple.

## SECTION V

DES PÉRILS QUE COURT LA SOCIÉTÉ FRANÇAISE EN NÉGLIGEANT
L'ESPRIT DES MASSES.

A la rigueur, l'autorité de l'Église qui sous l'ancien régime dispensait gratis l'enseignement de toute sorte, l'autorité de l'Assemblée constituante qui érigeait l'enseignement primaire en service public, l'autorité des exemples anglo-saxons et contemporains suffiraient à cette preuve, à cette affirmation. Mais il faut ajouter à ces raisons celles qui naissent de la différence des temps, de la différence des mœurs, et tenir compte de la différence des races.

La France est un pays qui pousse très-loin les théories, surtout la théorie politique, qui de plus se livre volontiers sur lui-même et sur ses gouvernements aux expériences les plus palpitantes, les plus chanceuses. Tout y saute parfois : or, un jour que nous étions en l'air, nous sommes arrivés à une solution qui est la souveraineté des masses, le droit politique partout, le suffrage universel, puisqu'il faut l'appeler par son nom. Ajoutez que l'ardeur théorique des esprits, lan-

cée vers tous les sommets, a créé un ensemble
d'idées dont le nom est socialisme, et dont le
propre est d'enseigner au peuple les devoirs
de la souveraineté envers lui, quand elle ne
lui appartient pas, et les droits ou plutôt les
profits de la souveraineté quand elle lui appartient. De sorte que ce pays n'est pas un
pays comme un autre, et que nous avons à exami-
ner si nous ne sommes pas tout à la fois, et plus
obligés à l'enseignement du peuple, et plus menacés par l'adoption, par la portée logique des
maximes socialistes impliquées dans cette solution. Bref, nous avons en ce sujet des raisons de
douter et de décider qui nous sont particulières,
outre les raisons générales qui veulent la transmission universelle des connaissances aussi bien
que la transmission individuelle des propriétés,
et qui, découvrant l'homme, ont découvert cette
nouvelle base des sociétés, aussi nécessaire que
l'ancienne.

A tout seigneur tout honneur. Parlons d'abord
du suffrage universel, et parlons-en au pouvoir
exécutif.

Vous croyez-vous capable d'abolir quelque
jour le suffrage universel? Ou de le fausser en
le mettant à plusieurs degrés? Ou de le mai-

triser à jamais par un système de candidatures,
soit officielles, soit émanées des classes supérieures? Si oui, laissez l'enseignement primaire
comme il est. Si non, enseignez le peuple, ensei-
gnez-le quand même, quoi qu'il en ait, à tout
prix, par tout les moyens de gré ou de force. Ce
n'est pas qu'une fois cultivé il aura nécessairement des idées saines : mais inculte il n'en aura
que d'ineptes, de chimériques, à mettre le feu partout. Instruisez ce peuple-roi : autrement, il sera
un maître impitoyable, un pasteur aux dents aiguës, une source ou plutôt un torrent de mandats
impératifs et subversifs. Comment! voilà un peuple que vous constituez souverain, et vous demandez s'il convient qu'il sache lire ! Vous n'avez pas
le droit d'agiter cette question, mais le devoir précis et impérieux de la résoudre au plus tôt. Quand
vous avez fait ou appliqué le suffrage universel,
vous avez pris par cela même l'engagement d'é-
lever le peuple, de l'élever, corps et âme, à la
hauteur de ce pouvoir. Ou instruisez la France, ou
retirez-lui le suffrage universel. S'il ne s'agis-
sait que de la féconder économiquement et d'y
mieux nourrir une population plus considérable,
son éducation ne serait pas à négliger. Car les
agents productifs les plus réputés — terre, ca-

pital, travail — relèvent d'un agent universel et
supérieur qui est l'esprit : et s'il est dressé comme
il faut, vous en verrez des fruits amplement
rémunérateurs. Mais il s'agit de bien autre chose
vraiment ; il s'agit de créer en France l'intelligence politique, après y avoir mis le droit politique.

Si vous avez commencé par la fin, c'est une
raison de plus pour précipiter, pour suppléer en
toute hâte ce qui aurait dû être le commencement
et l'apprentissage. Vous n'avez pas un moment à
perdre pour équilibrer ce pouvoir suprême et
ces intelligences incultes. Il n'y va pas d'un certain luxe de prospérité, d'une broderie plus ou
moins brillante sur vos surfaces, mais du fond
même et du tréfond des choses, des tremblements
du sol entre les mains des propriétaires : il y va
de cette confiance en certains biens qui est la vie
même des sociétés, leur avenir tout comme leur
tradition, presque aussi nécessaire que la confiance dans les lois de la nature et dans la stabilité des saisons.

Je ne veux rien exagérer : je ne vous montre
pas une foudre imminente. Ce peuple où réside le
suffrage universel n'est pas le pouvoir exécutif
qui fait la paix ou la guerre, les traités de com-

merce, les expropriations. Il n'est pas non plus
le législateur qui détermine les sources et l'emploi de l'impôt, qui peut toucher à tout d'ailleurs par des réformes civiles ou criminelles.
Mais il est le fond de tout cela, le fond qui a
constitué le pouvoir exécutif et qui, tous les six
ans, constitue le législateur. Il y a là un pouvoir
reconnu, qui finira peut-être par se reconnaître
lui-même. Parlant tout à l'heure de mandats impératifs, j'ai nommé le biais, par où une volonté
lui étant venue, il pourrait l'exprimer, l'imposer
un jour. Quelle volonté? Je ne sais : ici tout est
mystérieux et conjectural, tout, excepté la force
qui sommeille en ses profondeurs. *Quis Deus in-
certum est, habitat Deus*, à moins qu'il ne vous
plaise d'entrevoir là un *pandemonium*.

En face de ces perspectives, on n'échappe guère
à une conclusion qui est de tout prodiguer en
fait d'argent et de contrainte pour modérer cette
force, pour éclairer ce pouvoir, pour lui faire un
esprit capable de comprendre la seule force qui
reste aux classes moyennes et supérieures, celle
du droit.

Vous ne sauriez donner à des brutes une quote-
part de la souveraineté : elles en feraient un
usage brutal. Mirabeau l'avait dit, non sans dé-

c lamation, mais avec une force de mots et d'idées
supérieure :

« Ceux qui veulent que le paysan ne sache ni
lire ni écrire, se sont fait sans doute un patrimoine de son ignorance, et leurs motifs ne sont
pas difficiles à apprécier. Mais ils ne savent
pas que, lorsqu'on fait de l'homme une bête
brute, l'on s'expose à le voir à chaque instant se
transformer en bête féroce. Sans lumières, point
de morale; mais à qui importe-t-il donc de les
répandre, si ce n'est au riche? La sauvegarde de
ses jouissances, n'est-ce pas la morale du pauvre ?»

Et Napoléon! le 27 avril 1815, à la veille de
l'invasion, il faisait mettre à l'étude les meilleurs
procédés de l'enseignement primaire, *afin d'élever
à la dignité d'hommes tons les individus de l'espèce
humaine.* Au surplus, c'est un sujet inspirant, s'il
en fut : il porte bonheur à qui le touche. Les
Yankees eux-mêmes n'en approchent pas sans
perdre terre. Dès qu'il est question d'école, ils
tirent à l'air et s'élèvent à vue d'œil. J'emprunte
ces belles paroles à un simple inspecteur de New-
York : «Dans un État comme le nôtre, il faut que
tous les enfants sans exception puissent respirer
l'instruction et les lumières, comme ils respirent
l'air et le soleil, librement et sans rétribution au-

cune. Leur en procurer les moyens est le premier
devoir de la nation, parce que c'est son plus grand
intérêt. »

Aux États-Unis, quand on crie à l'ignorance,
c'est comme si l'on criait au feu, dit M. de Laveleye, qui certainement est un des révélateurs de
cette société.

## SECTION VI

### DES DOMMAGES AUXQUELS S'EXPOSE LA SOCIÉTÉ FRANÇAISE EN NÉGLIGEANT L'ESPRIT DES MASSES.

Mais j'en ai peut-être assez dit pour faire comprendre les périls d'une constitution qui érige le
peuple en souverain et le laisse ignorant. Ceci
d'ailleurs n'est qu'un côté de la question. Il faut
voir non-seulement les risques mortels de l'ignorance populaire, mais encore les dommages in-
calculables de cette ignorance, c'est-à-dire l'avor-
tement des germes féconds déposés dans la race,
toute une carrière de progrès perdue et fermée :
carrière où eussent apparu tant de brillantes
qualités dont on peut juger par les échantillons

qui de temps à autre ont leur échappée, leur délivrance. Bref, il ne s'agit pas seulement de périr, dans l'hypothèse d'une France inculte : ceci n'est qu'un des termes de l'alternative, une des branches du dilemme, dont l'autre est de manquer à des destinées prestigieuses, inouïes parmi les peuples.

On ne fait là aucune déclamation. Consultez seulement vos souvenirs, évoquez l'ancienne France qui avait de mauvaises lois, des institutions iniques et grossières, mais qui a passé à travers ces obstacles. Il y avait autrefois la barrière des castes, avec l'intention fort évidente de parquer les gens et de les lier à leur berceau, avec la conséquence de faire une société solide mais inerte et figée. Eh bien ! cette barrière n'a rien arrêté : il s'est trouvé dans toutes classes assez de vigueur, assez de vertu pour la franchir. Ces pauvres gens d'autrefois, ce *Jacques Bonhomme* (c'était son nom de corvée) travaillait tant, et se privait tant qu'il pouvait quelquefois détacher ses enfants de la glèbe. Ces bourgeois étaient si simples dans leurs mœurs, de tant d'épargne et de prévoyance, qu'ils pouvaient acheter quelquefois une charge au Parlement : et leurs fils naissaient comtes et marquis, au grand scandale de M<sup>me</sup> de Sévigné qui nous fait cette peinture du parlement de Bretagne. Étaient-ce bien là les voies, les procédés de cette ascension ? Peu importe. D'une façon ou d'une autre, on ne voit dans tout notre passé que gens du peuple se faisant bourgeois, que bourgeois se faisant nobles : un recrutement, un renouvellement sans fin des hauteurs sociales.

Qu'est-ce que peuvent de mauvaises lois, quand une race est vigoureuse ; quand d'ailleurs une société a des aventures et des luttes (contre les Normands, les Anglais, les protestants) qui l'obligent à prendre la force partout où il y en a ; quand elle offre enfin dans ses privilégiés l'ébauche et l'exemple du droit qui cessera quelque jour d'être un privilége, qui finira par être le bien et le patrimoine de tous ? Si l'esprit de la France a su créer, malgré les castes d'autrefois, un parvenu tel que le Tiers-État, qui passait noble à la seconde génération, capable de s'acquitter, comme dit Sieyès dans sa fameuse brochure, *de tous les emplois publics et de tous les travaux particuliers* (on ne voit guère autre chose dans une société)... que ne ferait-il pas aujourd'hui qu'il a l'égalité, surtout si vous y ajoutez demain le couronnement de l'instruction primaire. « Quo non ascendam ? » pour-

rait dire cette flamme, cette fusée de l'esprit
français.

Vous avez charge d'âmes, vous qui régnez sur
la France... et de quelles âmes! Elles étonnent
le monde; la postérité vous en demandera compte,
et c'est là que la Providence vous attend, dont
vous tenez à honneur, si je ne me trompe, d'être
le confident et l'interprète. Entendez-la qui vous
recommande ces enfants de France, ces futurs
souverains... Pourquoi pas? C'est ce que Richelieu
disait en propres termes au père de Blaise et de
Jacqueline Pascal qui lui avait amené ses enfants : *Je vous les recommande*. Dieu me préserve
de commenter un pareil mot! On dirait un hé-
mistiche de Corneille. Mais un gouvernement doit
le comprendre, pour peu qu'il ait la conscience
de son pouvoir, au bout duquel apparaissent
ses devoirs. S'il y avait quelque part un gouvernement qui, par la conjonction inouïe du
nom et des circonstances, eût pris ou obtenu (je
ne fais pas de polémique) les pleins pouvoirs
d'une société, il aurait à coup sûr une étroite,
une implacable obligation aux grandes choses.
Rien n'oblige comme ce degré de pouvoir. C'en
est fait, depuis 89, des rois fainéants, si ce n'est
des rois. Quand ils ne sont plus maîtres de la

société, ils n'en sont pas moins les chefs ; et ce
titre les oblige à lui montrer la voie, à l'y en-
traîner de tout le pouvoir qu'on leur laisse. Vous
pensez peut-être *intus et in cute* que le suffrage
universel a bien assez de sa force intime, et qu'il
ne faut pas y ajouter le primaire, ni le droit de
réunion, ni la liberté de la presse, ni l'initiative
des lois. C'est pour le coup que je vous dirai *alea
jacta est,* répondant à une pensée qui n'ose s'a-
vouer par un mot dont je fus confondu la première fois que je l'entendis. J'aime mieux celui
de Joubert, frappé à mort sur le champ de bataille
de Novi : *Marchez toujours!* disait-il aux tirailleurs
qui s'arrêtaient et s'empressaient autour de lui.
Cela enseigne aux gouvernements que peu importe leur chute, si en tombant ils laissent la société debout et lancée en avant. Les gouvernements ont le désir fort naturel de rester debout
eux-mêmes et de s'éterniser : aussi bien telle société qui n'aime pas les révolutions peut souhai-
ter longue vie à tel gouvernement, et, quand elle
le rencontre, le lui crier à tue-tête : mais ces
désirs et ces vœux ne pèsent pas un fétu. C'est
aux gouvernements à s'arranger pour vivre, à
s'illustrer, à se fonder en gloire et en bienfaits.

Aujourd'hui tout gouvernement devrait s'éveil-

ler chaque matin, comme le fondateur du saint-
simonisme, avec cette idée qu'il descend de Charlemagne. Ce n'est pas une raison pour faire le
saint-simonisme, mais tout au moins l'enseignement primaire. Parmi les grandes choses, rien
n'approche, pour l'urgence et la grandeur, de
cette opération à faire sur l'esprit des masses : ni
le soin d'une capitale à transfigurer, ni l'outillage
d'une marine nouvelle, ni l'échange libre ou res-
treint. En deux mots, il s'agit de l'enfant qui fait
l'homme, de l'esprit qui fait tout; et cela parmi
le peuple, votre constituant qui est demeuré votre
juge.

Je ne nie rien pour cela de ce qui est évident, je
ne sacrifie rien de ce qui est précieux.

J'admets et je reconnais tout ce que vaut la
gloire pour élever les sentiments d'un peuple,
tout ce que vaut la culture supérieure des esprits
et la transcendance des études pour créer des
classes capables de loisir, de science, d'ascension exemplaire. Mais tout cela nous est acquis,
et ce germe est depuis longtemps parmi nous, ne
demandant qu'à fructifier. Nous avons de grands
souvenirs historiques, de grands types légen-
daires, — chevalerie, clergé, magistrature, —
sans parler de toutes les grandeurs qui ont re-

tenti parmi nous depuis 89. Mais, pour être tou-
ché de ces exemples et monter à cette escalade,
encore faut-il les connaître. Avec cela nous avons
une incessante accumulation de capital; mais ce
qui nous manque, c'est un esprit populaire, préparé à la diffusion de ces biens et de ces connaissances, capable, par un accroissement d'organes
tel que le savoir primaire, d'y trouver son exaltation et son profit. Le progrès monte plutôt qu'il
ne se répand; il croît en hauteur, mais toute autre
proportion lui manque. Jamais on ne vit pareil
banquet; mais tous les convives n'y sont pas, et
nos cimetières de village sont pleins de grands
hommes inconnus, faute d'une étincelle sur des
facultés enfouies, faute d'un contact avec le
passé, où elles eussent appris ce que fut l'humanité, ce qu'elles avaient à devenir elles-mêmes.
Le passé! C'est pourtant le bien de tous; et l'inspiration qui sort de là est l'héritage légitime de
tout homme venant au monde. Héritage, c'est le
mot propre, car il n'est personne, celui surtout
dont les ancêtres ont souffert l'oppression, qui
ne trouve dans le passé un droit et un titre : soit
un droit de réparation, soit un titre de copropriété
sur les trésors de toute sorte inventés ou accumu-
lés pendant que le travail de ses ancêtres faisait

au sommet de la société des loisirs et du capital.

---

## SECTION VII

L'ENSEIGNEMENT PRIMAIRE DOIT ÊTRE GRATUIT. OBJECTION PRISE
DE L'INUTILITÉ DE CET ENCOURAGEMENT ET DE L'OBSTACLE
TOPOGRAPHIQUE.

Si tel est l'enseignement primaire, avec de telles
promesses et de telles menaces, vous n'en sauriez
trop faire. Il faut en mettre partout, le défrayant,
l'imposant, l'indemnisant même parmi les familles où le travail de l'enfant est un revenu.

C'est chose, disent les uns, qui se fera ou s'a-
chèvera d'elle-même, dans l'état actuel des lois et
de l'opinion. C'est chose impossible, disent les
autres, ou du moins chose arrêtée et fixée au
point actuel par l'obstacle topographique : un conseil d'inertie donné à la France par deux raisons
également mauvaises.

Ne croyez pas, dirai-je aux premiers, qu'il suf-
fise de laisser faire les lois et les mœurs; ne
comptez pas sur un effet prochain de leur action
continue. Ici les premiers pas étaient les plus fa-

ciles. Les écoles, dès qu'elles ont paru, ont attiré
tout d'abord ce qui était fait ou porté pour elles,
c'est-à-dire tous les enfants dont les familles pouvaient payer l'éducation, perdre le travail, et
comprendre ce bienfait à côté de ce sacrifice;
maintenant les écoles ne feront de nouveaux progrès qu'avec des facilités, des attractions ou des
contraintes nouvelles.

*Vires acquirit eundo*. Cela peut bien se dire de la
flamme ou de la boule de neige; mais, s'il vous
faut une métaphore, pensez plutôt à ·la tache
d'huile qui se répand tout d'abord avec rapidité,
pour s'étendre ensuite d'une manière insensible.
Tous les enfants qui sont faits pour l'école sous
le régime actuel y sont déjà depuis plus de trente
ans que ce régime fonctionne : et le nombre ne
s'en est pas accru considérablement depuis seize
ans. Pendant ce laps de temps, le chiffre des
conscrits illettrés a diminué de 7 pour 100, pas
davantage; le nombre des conjoints illettrés, de
2 pour 100. Il faut d'ailleurs songer à ceci : les
effets de l'enseignement primaire, qui sont prodigieux une fois acquis, ne paraissent pas tout d'a-
bord. Il y a ici une certaine lenteur qui tient aux
lois de la nature, et qu'il ne faut pas aggraver,
soit en ajournant la cause, soit en lui marchan-

dant ce qui la ferait puissante et féconde. L'enfant né de parents incultes a contre lui l'inculture de ses parents, un héritage de facultés et d'aptitudes bornées. Rien n'est moins démocratique, mais rien n'est plus physiologique que cette observation. Tels parents, tels enfants : il y a des uns aux autres une hérédité, une transmission de qualités morales et physiques. Voyez donc au-dessous de l'homme ces chiens de chasse, ces chiens de garde, gardant et chassant de race! Voyez donc autour de vous ces pères renaissants dans leurs fils, malgré tant d'accidents qui traversent et compliquent cette loi naturelle! Dix mille enfants peut-être ont passé à Mettray depuis vingt-cinq ans que cette colonie pénitentiaire est fondée. Or, un très-petit nombre de ces enfants, quelques-uns à peine, ont fait preuve d'une certaine aptitude intellectuelle aux yeux de leur très-habile directeur, dont j'apporte ici le témoignage. Est-ce parce qu'il s'agit de petits coquins? Nullement; cette circonstance n'exclut pas l'intelligence et l'énergie ; c'est parce qu'ils étaient nés dans des familles ignorantes et grossières, avec un esprit borné comme celui de leurs parents, sans patrimoine aucun d'intelligence exercée et transmise. Excercez donc au plus tôt les enfants d'aujourd'hui, et préparez ainsi à leurs enfants et à leurs petits-enfants une force innée, un héritage intellectuel. Le régime actuel n'y suffit pas. Si vous voulez plus d'écoliers et une plus longue fréquentation de l'école, changez ce régime, mettez-y les attractions et les obligations voulues contre les rebelles de l'enseignement primaire, contre les familles qui ne veulent pas ou plutôt qui ne peuvent pas profiter de l'école.

« Cette impuissance est matérielle et insurmontable, me dit-on d'autre part. L'obstacle est dans une certaine configuration du sol, montagneux ou forestier, et dans certaines nécessités agricoles qui disséminent les populations, comme est éparse la force productrice du sol. Il y a peut-être un bon quart de la France qui pour cela ne peut apprendre à lire. Envoyez donc les enfants à l'école ! Des enfants de 8 à 9 ans, par une longue route, qui devient une mauvaise route dans la saison justement où l'école ne priverait pas la famille du travail de l'enfant, dans l'hiver ! »

Cette objection est spécieuse, et les choses pourraient se passer ainsi qu'elle le prétend. Mais, si l'on vient à la considérer de près, elle ne tient pas devant la statistique. J'ai comparé quelques départements montagneux ou forestiers à quelques

départements de plaines, et j'ai trouvé que la pro-
partion des écoliers à la population est à peu près
la même dans ces départements très-divers.

Est-ce parce que les populations montagnardes,
pastorales, emigrantes ont un mouvement supérieur d'idées ou d'entreprises, ont plus de loisirs
et de notions acquises? Est-ce parce qu'on a créé
près de huit cents écoles temporaires à l'usage
des vingt-huit départements les plus hérissés?
Je ne saurais le dire; mais la plaine ou la mon-
tagne, dans des conditions de richesse analogues
(il ne faudrait pas comparer le Puy-de-Dôme,
où se trouve la Limagne, à tel département du
Berry et de la Sologne), ne diffèrent pas sen-
siblement, quant au nombre de leurs écoliers. Ce
n'est pas là que la population scolaire est la moindre; c'est dans quelques départements de la Bretagne (le Morbihan, le Finistère), où la population,
sans aucun prétexte de montagnes et de forêts,
est très-disséminée, où des communes rurales ont
jusqu'à cinq mille habitants, divisés en douze
sections.

Peut-être, à toute rigueur, est-il permis de supposer, dans ces départements une résistance morale à l'école, à toute nouveauté même. En tout
cas, le fait des populations clairsemées et dissé-

minées est réel, soit en Bretagne, soit ailleurs. On
comptait en 89 quarante-quatre mille municipa-
lités ou paroisses. Aujourd'hui encore il y a trente
mille sections de communes, si j'en crois une
excellente étude sur ce sujet (1).

Or, comme ces sections n'existent et ne s'indi-
vidualisent que par des propriétés particulières
(des pâturages en général) cela donne quelque idée
des espaces où est répandue la population et des
distances qui séparent l'écolier de l'école.

Il y a là une nature des choses ou plutôt une
origine des choses très-épineuse et très-difficile à
pénétrer. C'est le secret du passé le plus obscur et
le plus évanoui, que la raison ou le caprice de ces
groupements. Pourquoi la religion n'a-t-elle pas
retenu les populations autour de l'église? Pourquoi la sujétion ou la sécurité ne les a-t-elle pas
fixées autour du manoir, sous la main du chef
féodal? Aujourd'hui la commune aux États-Unis
se constitue géométriquement par groupes de
deux mille personnes, elle est œuvre d'arpentage,
elle s'agglomère autour de l'église et de l'école.
Mais au moyen âge, personne ne pensait aux
écoles, Charlemagne excepté, et cette époque a

(1) Voir le livre de M. Auroc, maître des requêtes, intitulé :
*Sections de communes.*

vu tout le monde, seigneurs ou vassaux, se
disséminer et prendre de l'espace pour vivre
comme des tribus de chasseurs qu'ils n'étaient
pas. C'est que la terre (je dis la terre fertile) était
peut-être rare alors comme du gibier, rare pour
des cultivateurs sans capital et sans engrais : on
ne peut faire abstraction ici de la raison économique, agricole. Ajoutez-y l'individualisme qui
n'est pas un vain mot, mais une chose réelle,
une nouveauté germaine, très-propre à isoler les
hommes dans l'espace comme par l'orgueil.

On ne revient pas sur des traces qui sont profondes comme des racines. Mais, si le passé nous
a fait là un obstacle réel, je n'admets pas
un instant qu'il soit insurmontable. Question
d'argent après tout! l'école n'a qu'à suivre les
populations tout comme celles-ci ont suivi les
veines cultivables du sol : l'école n'a qu'à se mul-
tiplier autant que les populations se disséminent.
La règle à observer serait peut-être de mettre
une école partout où il y avait autrefois une pa-
roisse. Quoi qu'il en soit, l'argent ne peut pas,
ne doit pas manquer, à pareille œuvre. *Devoir* est
un mot qui revient souvent ici, parce que c'est le
mot qui tranche tout en ce sujet.

## SECTION VIII

OBJECTION PRISE DE LA CHERTÉ DE L'ENSEIGNEMENT GRATUIT.

Il n'est pas permis aux gouvernements d'alléguer la difficulté financière. Est-ce qu'ils n'ont pas trouvé de l'argent en 1838 pour créer le budget extraordinaire des travaux publics? En 1840, pour faire une loi très-dispendieuse sur certains travaux d'utilité publique? En 1842, pour entreprendre les chemins de fer avec un tel concours ou un tel engagement des finances publiques? Est-ce qu'ils ne trouvent pas de l'argent tous les jours pour entreprendre au loin, pour doter et subventionner à tout propos! Dans cette région même de l'enseignement, le supérieur n'est-il pas gratuit? et le secondaire, celui qui se donne dans les colléges et lycées, ne reçoit-il pas, pour 65,000 élèves seulement, une subvention de 4 millions 500,000 (1). Nous verrons tout à l'heure que la subvention accordée par les pouvoirs publics à 3 millions d'enfants qui fré-

_____

(1) Ces chiffres sont ceux du 31 décembre 1865, les derniers reçus au ministère de l'instruction publique.

quentent les écoles primaires ne passe pas 36 millions. Or, où est la justice, où est la proportion dans tout cela? Pourquoi 36 millions seulement, quand il en faudrait plus de 150 pour traiter le primaire comme le secondaire, et les enfants du peuple comme les enfants des classes supérieures? Cela est difforme et dépravé.

Si l'accroissement naturel et régulier de la richesse publique ou du crédit public a défrayé jusqu'ici tant de nouvelles dépenses, attribuez, réservez désormais une partie de cet accroissement à cette dépense nouvelle des écoles gratuites. Cette gratuité est la chose capitale et décisive pour la culture populaire de l'esprit français, la chose négligée et qui nous tient sous ce rapport au-dessous de la plupart des peuples. Chaque époque a ses dépenses qui caractérisent son génie, son progrès. La nôtre prodigue tout aux voies de communication dont elle semble énivrée. Or, c'est quelque chose assurément de faire circuler les marchandises et les idées. Mais il serait mieux encore de les faire naître, en fécondant à tout prix la force productive de toutes choses matérielles et immatérielles, c'est-à-dire l'intelligence.

Le prix de l'école semble peu de chose à première vue : ce prix ne dépasse pas en moyenne 1 fr. 68 centimes par mois. Mais songez donc à la charge annuelle de l'école dans une famille qui a plusieurs enfants et qui a pour tout bien ce que signifie, ce que représente une cote foncière de cinq francs! Des millions de familles en sont là, et ce prix de l'école (ajouté à la cote foncière, réclamé aujourd'hui par le percepteur) élève leurs charges d'une manière démesurée, exorbitante, par où elles désespèrent de l'enseignement et se détournent de l'école. Vous touchez là le véritable obstacle pour lequel tant d'enfants ne vont pas à l'école, tant d'enfants surtout n'y restent pas le temps utile et fructueux. Cet obstacle n'est ni moral, ni topographique; il est financier, exclusivement financier.

Si le prix de l'école est lourd pour les familles, je ne prétends pas dire que la gratuité serait légère pour l'État. Il s'agit ici d'une dépense considérable d'après les bases d'évaluation fournies par la statistique officielle. Aujourd'hui la part de l'État, des départements et des communes dans le service de l'instruction primaire est de 36 millions : la part des familles est de 14 millions sous le nom de rétribution scolaire.

Dans l'hypothèse de la gratuité, portez à la

charge des pouvoirs publics ce premier chiffre de 14 millions, et ajoutez-y les chiffres suivants :

1° L'intérêt de 145 millions à emprunter pour bâtir les maisons d'école qui sont louées aujourd'hui, c'est-à-dire 7 ou 8 millions ;

2° Le prix de l'école pour les enfants au nombre de plus de 900,000 qui fréquentent aujour- les écoles libres et qui s'empresseront aux écoles publiques, dès que celles-ci leur offriront la gratuité, dès que la gratuité ne sera pas en quelque sorte un certificat d'indigence.

3° La dépense de nouveaux bâtiments et de nouveaux instituteurs pour une population scolaire plus considérable.

On n'essayera pas de préciser, de fixer un total. On n'aurait qu'à se tromper de 25 millions ! Tenez seulement pour certain que cette dépense est considérable, que vous fondez là un grand service public, exigeant et vorace, que vous ne cesserez de lui ouvrir des allocations nouvelles ; mais qu'il y va du salut, que ce produit ne saurait être payé trop cher et que cet emploi de l'impôt est le meilleur des placements, surtout pour les masses qui payent sans doute leur part de cet impôt, mais qui en ont tout l'emploi, tout le bénéfice. Cela soit dit pour répondre en passant à

l'objection qu'ici l'on donne au pauvre ce qu'on
a commencé par lui demander, qu'il s'agit d'une
simple restitution, d'un mouvement de fonds
inefficace. Le fait est qu'on lui demande quelque
chose et qu'on lui donne tout.

## SECTION IX

### OBJECTION PRISE DE CE QUE LA GRATUITÉ DEVRAIT ÊTRE RÉSERVÉE AUX PAUVRES.

Il ne faut pas quitter ce point précis de la gratuité, sans répondre à une objection qui a les
apparences les plus recommandables, celles du
sens pratique, de la modération, du compromis.
J'entends dire çà et là : Pourquoi donc la gratuité pour tous, et non pas seulement pour les
pauvres? Pourquoi une mesure générale et absolue, tandis qu'elle pourrait être partielle et limi-
tée à certains cas, cessant par là d'être pour la
société une dépense injuste, énorme? Pourquoi?...
Parce qu'alors vous auriez à faire partout la dis-
tinction du riche et du pauvre, dans la campagne
surtout, où elle est déjà si visible et si offensante

à l'œil nu. Est-ce politique, est-ce bien avisé d'instituer pareille enquête, quand vous avez déjà, en vertu des conditions humaines et sociales, une caste naturelle qui n'est pas moins que celle des existences précaires à côté des existences assurées, paisibles, insouciantes du salaire éventuel et variable? Prenez bien garde qu'ici le législateur ne peut poser des règles, que ce discernement doit varier à l'infini pour être équitable. Il ne saurait être question par exemple de reconnaître l'indigence, d'en chercher les marques dans les rôles de l'impôt foncier, et de dire : telle famille aura l'enseignement gratuit pour ses enfants parce qu'elle paye moins de 10 francs d'impôt foncier; telle autre n'aura pas cette gratuité, parce qu'elle paye plus que cet impôt. Rien n'est superficiel comme ce criterium; car ce propriétaire qui paye plus, a peut-être six enfants, tandis que l'autre n'en a pas; car il doit peut-être encore le prix de la terre qui porte cet impôt supérieur, tandis que l'autre a remboursé ce prix.

Ainsi, pas de règle en pareil sujet, rien que l'arbitraire des pouvoirs locaux, peut-être mal exercé, en tout cas responsable et accusé de toutes les bévues, de toutes les injustices inhérentes à

cette délicate appréciation. Il y aura là une chose
irritante, exécutée d'une manière irritante.

Toutefois, je le veux bien, essayons et supposons la gratuité réduite par des pouvoirs doués
d'une véritable intuition, aux seuls cas où
elle est justifiée et méritée par le besoin des familles. Vous aurez fait là, en côtoyant bien des
écueils, en scrutant chaque famille et chaque
fortune, une triste, une insignifiante économie.
Car la gratuité, vous aurez à la mettre presque
partout, même parmi ces familles de soi-disant
propriétaires qui payent l'impôt foncier, et qui
sont au nombre de six millions, si j'en crois les
statistiques. Propriétaires ou non, ils sont pauvres, ils ont la vie pénible et l'argent rare, ils
mangent un pain cuit depuis huit jours, quelquefois depuis quinze..., et si peu que vous leur
demandiez pour l'écolage, vous leur demandez
un sacrifice. Pour être juste, vous exempterez de
l'écolage ces simulacres de propriétaires; mais
alors, ce qui sera payé de ce chef par les familles
capables de payement sera peu de chose, un
imperceptible revenu pour les communes, dont
l'avantage sera médiocre, comparé surtout à l'irritation, à la tracasserie, à la difficulté de savoir
qui doit payer ou non. C'est pourquoi, dans cer-

taines communes, à Toulon par exemple, on a renoncé expressément à la gratuité restreinte ; on a pratiqué et professé, par d'excellents motifs, la répulsion de cette demi-mesure. Je vous prie bien de le remarquer : tout ce qui est riche, congrégation ou commune, enseigne le peuple gratis. Pour les communes cela semble résulter de ce que la gratuité existe dans cinq mille écoles, lesquelles appartiennent à deux mille communes seulement. De ce que ces localités ont plus d'une école et même plus de deux, vous pouvez hardiment conclure que ce sont des localités considérables et riches. Ainsi la gratuité est une bonne chose en soi, qu'on adopte et établit partout où l'on peut. D'où il suit que la difficulté en cette matière est une difficulté d'argent. Je ne veux pas revenir et insister sur tous les précédents qui réclament ici le concours de l'État, sur les analogies impérieuses qui défendent à ses finances de se détourner des écoles, et de leur refuser plus longtemps les fonds de la gratuité. Deux mots seulement pour en finir. Savez-vous où a lieu la gratuité? Dans les villes, lesquelles sont attrayantes, encombrées déjà, comme chacun sait. Et savez-vous où elle est plus méritée? dans les campagnes, où l'on travaille, où l'on épargne, où l'on s'ennuie, où fonctionne et s'élabore la substance même du pays, d'où monte incessamment le flot réparateur vers les sommités appauvries et dégénérées.

---

## SECTION X

### L'ENSEIGNEMENT PRIMAIRE DOIT ÊTRE OBLIGATOIRE.—OBJECTIONS ET TEMPÉRAMENTS A CET ÉGARD.

La gratuité est la mesure capitale, en ce qu'elle est la plus efficace, la plus dispendieuse, celle d'ailleurs où figurent certains principes de la plus grande conséquence. Mais il faut voir si cette mesure n'a pas besoin de certains compléments :

1° L'obligation d'envoyer les enfants à l'école ;

2° L'indemnité, la prime aux familles où le travail de l'écolier est un revenu.

Ces mesures complémentaires, nous les avons traitées de détails : à tort en ce qui regarde l'obligation, car l'obligation a pour effet d'imposer aux individus un devoir nouveau, d'attribuer à l'État un pouvoir nouveau. Or, nul développement de morale et d'autorité ne peut passer pour chose accessoire et indifférente. Peu importe, soit la rareté des cas où la contrainte aurait lieu, soit l'utilité motivant cette contrainte. Tout ce qui s'appelle *droit* touche à l'absolu, à l'infini (c'est le mot propre) : et ce poids, ce titre, fût-il celui d'un seul homme dans un seul cas, emporte tout, même les considérations d'utilité les plus spécieuses et les plus générales. Vous auriez beau me dire que le travail forcé du nègre et de l'enfant est avantageux au point de vue économique ; cela ne saurait balancer le droit du nègre et des petits blancs, qui est d'exister moralement, humainement, et non comme une dépendance de la canne à sucre ou du coton.

Il est fort probable que peu de parents résisisteront au bienfait attrayant de l'école gratuite : les rebelles, soyez-en sûr, ne seront pas nombreux. Mais si, par hasard, ils avaient le droit pour eux ? Et s'ils préféraient ce droit à l'utilité sociale qui leur est démontrée, ou même à l'avantage privé qui leur est offert ?... Cela est à considérer de fort près : car il y a certainement des cas où l'individu ne relève que de lui-même, parce qu'il ne touche qu'à lui-même ; où il est le maître absolu de ses actes, parce qu'il en est l'objet exclusif. Dans ces limites, l'activité de l'individu constitue un domaine inviolable à la loi, qu'elle

ne sauraient toucher ni borner à aucun titre : tel
est le droit de prier, de travailler, d'échanger,
d'aller et venir. Seulement le droit du père sur
l'enfant est-il de ce caractère, de cette sainteté ?
Non, car ce n'est pas le droit pur d'une personne sur elle-même, mais sur une autre, sur
un tiers. Ce droit, en un mot, est un pouvoir ;
or, nul pouvoir parmi les hommes n'est doué
d'une excellence naturelle par où il mérite d'être
absolu, pas même celui d'un père.

Ne vous fiez pas à l'instinct : il est bien connu
que certains animaux mangent volontiers leurs
petits. Quant aux hommes, ils sont sujets à une
inadvertance, telle que d'envoyer des enfants de
huit ans, leurs enfants, travailler dix-sept heures
par jour dans le méphitisme et la promiscuité
d'une manufacture. Aussi, voilà bien des siècles
que les lois travaillent sans relâche à désarmer
le père. Il a perdu le droit de vie et de mort, qui
durait encore à la fin de la république romaine ;
témoin ce Lentulus, un sénateur, dont le fils était
allé rejoindre Catilina. Sur cette nouvelle, le père
conscrit fit courir après ce fils, *et retractum ex*
*itinere necari jussit.* De nos jours le père a vu lui
échapper la lettre de cachet, si chère au marquis
de Mirabeau, *ami des hommes* et geolier de son

fils. Il a perdu le pouvoir d'exhérédation. Il a
perdu enfin le pouvoir de vendre son enfant au
manufacturier ; il a fallu faire une loi là-dessus ;
une bonne loi, bien pénale, ajoutant ses intimi-
dations aux suavités instinctives qui habitent le
cœur d'un père. Or, si vous modérez à cet égard
le droit du père, si vous lui ôtez sur son fils le
pouvoir d'épuisement et de séquestration dans
une usine, pourquoi lui laisser le pouvoir d'abrutissement ? Pourquoi l'excès de travail industriel
serait-il seul prévu, et non pas l'excès de tout
autre travail qui aurait le même effet ? Je veux
dire l'ignorance, la réduction de l'enfant à l'image
et au niveau des animaux qu'il garde ou des ou-
tils qu'il a entre les mains.

La société pourrait dire aux parents : «Je vous
laisse libres de vous marier avec ou sans moyens
d'existence, libres de travailler le dimanche ; mais
je vous ai dit en vous mariant que votre devoir
était d'élever vos enfants, et je ne vous reconnais
pas le droit de les laisser incultes, et j'ai celui de
vous obliger, même par les voies pénales, à
m'épargner ce péril et cette charge. »

Ne soupçonnez-vous pas ici un droit de l'enfant
et un droit de la société à côté du droit paternel ?
Celui-ci n'a rien d'un droit individuel, absolu et

sacré comme le droit par exemple du citoyen accusé en faveur duquel s'accumulent toutes les
présomptions, toutes les garanties : *Mieux vaut
l'acquittement de dix coupables que la condamnation
d'un innnocent;* tel est l'esprit de nos lois criminelles. Direz-vous par hasard : Mieux vaut l'ignorance absolue de dix enfants que l'éducation d'un
enfant malgré son père?

On peut bien parler ici, comme nous l'avons
fait, du droit de la société sur l'enfant, parce qu'elle
aurait à punir l'homme inepte et malfaisant qui
succède à l'enfant inélevé. Mais il faut revenir
au plus grand aspect du sujet, à l'enfant. Si
quelqu'un est comparable à cet accusé, *res sacra,*
qui rencontre une telle faveur des lois et de
l'opinion, c'est l'enfant, où se trouve, si la loi
n'y met ordre, la substance et la destinée d'une
victime. — L'enfant qui n'a pas demandé à naître, et qui a bien le droit, une fois mis au
monde, de vivre au complet, comme une intelligence servie par des organes, dont le prin-
cipal est de savoir lire et écrire : cet appendice
bien supérieur à celui que rêvait Fourier, cette
troisième main que l'Avare de Plaute demandait
à son esclave, ce prolongement de l'individu préférable à la propriété, pour laquelle cependant le

mot a été fait. Dans la hiérarchie de nos sens,
on place au rang le plus élevé la vue et l'ouïe,
parce qu'ils sont les seuls à nous transmettre le
sentiment du beau. Telle est la classification du
père André. Toute réflexion faite, placez-y la lecture qui nous apprend le passé, et cela sans le
secours d'un maître; le passé, c'est-à-dire non-
seulement le beau, mais le vrai et le juste, enfin
tous les trésors, toutes les accumulations de l'espèce progressive que nous sommes.

Rien ne nous sert comme le passé. Le présent
nous donne de bons et de mauvais exemples. Notre
nature nous pousse au mal comme au bien. Mais
la leçon du passé est purement salutaire, le mal
n'y paraissant qu'avec une flétrissure, raconté
mais réprouvé. *Sunt flagella rerum...* C'est dans
les lois, c'est dans l'histoire que parle, que s'af-
fiche la conscience du genre humain et que se
révèle toute sa lucidité morale. La lecture est le
don ou plutôt l'organe de préhension par lequel,
entrant dans la vie, nous recueillons la tradition
de l'humanité, nous saisissons et attirons à nous
ce qui est à notre usage et doit entrer dans notre
substance héréditaire.

Ici revient le doute, l'anxiété au sujet de l'enseignement obligatoire.

Individus et gouvernements peuvent abuser de cet instrument. Nous aurons peut-être quelque jour un gouvernement de sectaires, qui fera de la propagande avec les écoles, une propagande irrésistible, s'il trouve dans les lois une force telle que l'obligation scolaire.

Je réponds qu'il faudrait, à ce compte, ne pas établir la gratuité des écoles, et même abolir dans les proportions où elle existe aujourd'hui cette gratuité qui est le grand attrait pour l'école. Faites plus, supprimez toute intervention et toute subvention du pouvoir central : car c'est là ce qui fonde l'action de l'État sur les instituteurs ; il en est le maître, dès qu'il concourt à les nommer et à les payer. Seulement vous rencontrez ici une conséquence, telle que l'inculture des masses, telle que l'ignorance honteuse et dangereuse, antérieure au régime établi par la loi de 1833, qui consacre en ce sujet les pouvoirs et les obligations de l'État. Il s'agit d'opter entre ce péril et le dommage problématique d'un abus de pouvoir dans l'hypothèse, inouïe jusqu'à ce jour, d'une secte gouvernant la société. Ceci est une contradiction dans les termes. Ce qui dit secte dit unité : tandis que la pluralité des intérêts, des principes, compose l'homme,

complique la société et s'impose à tout gouvernement qui a perdu le titre de propriétaire ou
celui du droit divin. Et c'est même ce qui fait
notre société, malgré tous ses vices, meilleure
et plus forte que les sectes qui ont aspiré quelquefois à la gouverner.

Autre objection. Si le magistrat peut veiller à
l'éducation des enfants et les envoyer à l'école de
gré ou de force, pourquoi dans le même esprit,
en vertu de la même loi, ne serait-il pas appelé à
veiller sus les mœurs de l'enfant, avec cette conséquence entre autres de mettre au couvent la
fille qui reçoit chez ses parents des exemples no-
toires d'inconduite?

La différence entre ces deux cas est sensible, pas
moins qu'une différence légale. Un enfant qui ne
va pas à l'école devient par là un homme illettré,
et souvent un vagabond, un mendiant, à coup
sûr un citoyen inintelligent, qui fera volontiers
de sa quote-part de souveraineté un usage vénal
ou pervers. Cette inéducation a pour la société
des périls et des charges de telle nature, qu'ils
sont prévus par la loi et supportés par l'impôt :
tandis que l'inconduite à laquelle on faisait allusion, n'est pas atteinte, si grave que soit le mal,
par des incriminations et des poursuites. Bref, il

y a une raison légale pour prévenir ce que la loi réprime. Cette raison n'existe pas ailleurs, où n'existent pas de répressions. *Prévenir* est un bien dans le cas de l'ignorance populaire, parce que la prévention n'a rien d'oppressif ; parce qu'elle ne supprime pas la faculté, sous prétexte de l'abus appréhendé ; parce qu'elle n'est au contraire que développement de toutes les facultés et fécondation de tous les germes.

Soit, direz-vous, l'enfant ira à l'école : il ira, si l'on fait une loi pour mettre à l'amende le père qui n'instruit pas lui-même son enfant ou qui ne l'envoie pas à l'école. Mais, tandis que l'enfant apprend à lire et à écrire, que deviendra la famille où le travail de cet enfant, et peut-être même de ces enfants de dix à douze ans, était un revenu, une ressource, un produit !

J'avoue que ce cas est à prévoir, et j'ajoute qu'il est prévu dans tels pays où l'école est obligatoire. «Une loi, dit le ministre de l'instruction publique, dans le rapport que nous avons déjà cité, aurait à ménager cet intérêt, et, soit par l'intermédiaire des bureaux de bienfaisance, soit par l'institution de ces caisses d'écoles qui ont si bien réussi en Allemagne et en Suisse, elle devrait organiser, pour les familles absolument nécessiteuses, une assistance analogue à celle qui est donnée dans beaucoup de salles d'asile, en accordant *quelques aliments*, même des vêtements à ces enfants enlevés au vagabondage pour devenir écoliers.

« Dans certains cantons de la Suisse, une prime est assurée aux indigents dont les enfants fréquentent assidûment l'école ; c'est de l'argent placé à gros intérêts.

La nourriture à l'école ! C'est une solution ou plutôt un aperçu qu'on proposait, il y a vingt ans, avec évaluation de la dépense, en prenant pour base les *vivres-pains* de l'armée qui coûtaient dix-sept millions pour trois cent quatorze mille hommes. Mais cette indemnité, cette prime, n'est pas chose qui puisse se ressembler partout.

Il faut citer ici un échantillon curieux de cette variété, un exemple d'assistance qui en son lieu a très-bien réussi, et qui pourrait être imité, non pas partout peut-être, mais dans les nombreuses localités où s'exécutent, où se réparent les chemins vicinaux. La commune de Dammartin (Seine-et-Oise), commune de six cents âmes, avait quelques familles notoirement pauvres, et qui sans rebellion, sans ineptie, uniquement pour cause de pauvreté, n'envoyaient pas leurs enfants à l'école. On a traité avec ces familles, faute de loi pour les contraindre, et le traité fut qu'elles seraient dispensées des prestations pour l'entretien des chemins vicinaux, mais qu'elles enverraient leurs enfants à l'école.

Toutefois, les prestations, imposées qu'elles sont par la loi, devaient être faites en nature, ou évaluées et payées en argent. C'est la caisse municipale (avec certaines adjonctions) qui fit ce payement à la charge des familles nécessiteuses et exemptées, le payement d'une somme de soixante-seize francs (1).

On peut me dire qu'à faire une telle loi, la société s'attribue de grands pouvoirs, et contracte des obligations considérables, qu'elle prodigue le socialisme. On s'expliquera là-dessus, gardez-vous d'en douter. Mais au préalable on voudrait en finir au sujet de l'obligation et de ses effets plus ou moins heureux, plus ou moins considérables.

Je sais bien que l'obligation une fois mise dans la loi, tout ne se termine pas là. Ce principe a besoin d'être expliqué, d'être limité surtout.

S'appliquera-t-il à tous les enfants, même à

(1) Nous tenons ce fait curieux du comte Louis de Bouillé, que nous soupçonnons fort d'en avoir eu l'idée et la charge.

ceux qui reçoivent l'instruction soit dans leur famille, soit dans un établissement secondaire? Non sans doute, car c'est l'instruction, ce n'est pas l'école qui est obligatoire. Mais alors qui sera juge de ce point de fait? En outre, pour les enfants qui vont à l'école, combien de temps durera l'obligation? A quel degré d'instruction s'appliquera-t-elle, s'arrêtera-t-elle? Direz-vous que l'enfant suivra l'école pendant un certain nombre d'années, ou qu'il la suivra jusqu'à ce qu'il ait ait acquis certaines connaissances?

Je suis d'avis que le principe de l'obligation, écrit dans la loi, devrait être développé par des règlements locaux aussi variables que les règlements sur la police, sur l'ouverture de la chasse, sur le ban des vendanges; que ces règlements auraient à prendre en considération les circonstances de richesse, de dissémination, de travail agricole ou manufacturier, particulières à chaque localité; qu'ils devaient être approuvés par l'autorité supérieure, et même, après cette approbation, passibles d'un recours contentieux exercé par les communes; qu'ils devraient en outre, dans leur application aux familles, comporter chez le magistrat une latitude exceptionnelle, soit pour modérer la peine, soit pour apprécier les intentions, ce qui n'est pas autorisé par le droit commun en matière de contravention. Bref, une chose nouvelle comme cette obligation devrait se faire avec des façons analogues à celles qui préparèrent la mise en vigueur du système décimal, cette autre nouveauté. A propos de ce système, les tempéraments furent prodigués, et les pénalités ne vinrent que fort tard, sous des régimes qui avaient pourtant l'action hardie et notoirement expéditive.

Il y a d'ailleurs plus d'apparence que de fond dans ces difficultés que nous avons groupées tout à l'heure maladroitement. Pour en prendre un exemple, rien ne serait facile comme de vérifier l'instruction d'un enfant : les comités locaux d'instruction primaire pourraient être chargés de cette expertise par les juges. Est-ce que l'expertise n'est pas un procédé de droit commun? Est-ce que ces comités n'existent pas dans chaque commune? Nos lois, dans un pays qui a tant légiféré, ont réponse à tout; et nos mœurs, notre esprit judiciaire, qui n'ont rien de littéral, rien de judaïque, seraient capables à l'occasion de corriger les lois. Prenons encore un exemple, infiniment plus grave cette fois, et supposons un père de famille, un paysan breton, traduit en

justice pour avoir contrevenu à l'obligation scolaire. Il dira peut-être que sa conscience lui dé-
fendait d'envoyer son fils à l'école, parce que
l'instituteur tient de mauvais propos contre la
religion et le clergé; que son premier devoir de
père est envers l'âme de son fils; que l'obligation
légale où il est de l'élever est surtout de l'élever
moralement; que ce devoir incombe au tuteur,
lequel est donné non-seulement aux biens mais *à
la personne*, au père à plus forte raison; que sa
résistance est fondée en droit et en texte, la liberté
de conscience et la liberté des cultes étant écrites
dans nos institutions depuis quatre-vingts ans;
qu'il peut établir par témoins les mauvais propos
tenus par l'instituteur, et qu'il invoque cette
preuve, qui est de droit commun en toute matière de poursuite et de répression.

Cette réponse a quelque valeur juridique. En
tout cas, il semble difficile, étant donné ce que
nous avons de croyance ou de respect, soit réel,
soit officiel pour les dogmes religieux, qu'un juge
ne prenne pas cette défense en très-grande considération.

## SECTION XI

UNE LOI SUR L'OBLIGATION SCOLAIRE AGIRAIT SURTOUT PAR LA
PERSUASION, COMME EN ALLEMAGNE ET AUX ÉTATS-UNIS.

On voit que l'obligation primaire n'aurait rien
de violent et de grossier, rien d'inextricable non
plus. Ainsi conçue et réduite, grevée de tant de
réserves et d'éliminations, elle n'en sera pas
moins préférable au bon plaisir des parents, qui
serait parfois l'ignorance pure des enfants, un
pouvoir d'abrutissement exercé sur les enfants.
Cette loi d'ailleurs aurait un pouvoir persuasif.
Pourquoi ne l'aurait-elle pas sur les parents,
l'ayant eu sur les communes, qui résistèrent d'a-
bord à la dépense obligatoire de l'école, et qui
finirent par l'adopter de la meilleure grâce.
Nos esprits sont faits pour la vérité, mais plus
capables de la reconnaître où elle s'offre, de la
subir où elle s'impose, que de la chercher et de
la vouloir spontanément.

Il faut compter pour quelque chose un devoir
écrit dans la loi, parlant du haut la loi : nos consciences n'attendaient peut-être que cela pour

parler à leur tour. Le commandement légal est
d'une véritable efficacité, si l'on en juge par l'effet
de nos lois nouvelles sur le partage égal des suc-
cessions et sur le travail des enfants dans les
manufactures.

En ce qui touche le partage égal, ce ne fut pas
une obéissance, mais une acclamation. Nos mœurs
converties et illuminées du coup adoptèrent d'un
jour à l'autre cette foi nouvelle. Hier l'aînesse était
partout, aujourd'hui ce privilége n'est nulle part, ou
du moins il paraît à peine, même en certains cas
exceptionnels que lui a réservés la loi. Cela est
fort honorable pour la conscience humaine, et
fait voir qu'elle n'est ni sourde ni aveugle, encore
qu'elle n'ait pas un souci bien ardent de la lumière. Tel est le miracle des lois, fort analogue à
celui des religions, du christianisme notamment,
dont Turgot a dit : *Je reconnais tout le bien que le
christianisme a fait aux hommes, mais son plus grand
bienfait est d'avoir éclairci et propagé la religion naturelle.* Lois et religions réveillent en nous le sens
moral et donnent une secousse à nos instincts
supérieurs.

Vous en doutez peut-être, parce que vous pensez à tant de lois impuissantes que nous avons
essayées et laissées derrière nous. Mais, ne l'ou-

bliez pas, c'étaient des lois politiques, lesquelles entendaient créer des pouvoirs là où manquait la capacité, créer des organismes là où manquait la vie, créer des peines la où manquait le délit. Elles ont échoué justement pour cette prétention de créer, de faire quelque chose avec rien, ce qui dépasse la force humaine, peut-être même toute force imaginable. Mais, quand les lois expriment et professent la vie morale qui est en nous, quand leurs commandements n'en sont que le rayonnement, leur empire n'est pas douteux, et la conscience humaine est créée une seconde fois. « *Alexandre n'avait pas besoin*, dit Mallebranche, *que les Scythes vinssent lui apprendre son devoir dans une langue étrangère; il savait de celui même qui instruit les Scythes et les nations les plus barbares, les règles de la justice qu'il devait suivre. La lumière de la vérité qui éclaire tout le monde, l'éclairait aussi, et la voix de la nature qui ne parle ni grec, ni scythe, ni barbare, lui parlait comme au reste des hommes un langage très-clair et très-intelligible...* » Cela est beau à dire; mais le fait est que nos aptitudes innées, morales ou autres, ont un étrange besoin d'éducation : celle que nous font les lois est précieuse entre toutes. De là, en ce sujet de l'enseignement primaire, la nécessité d'un commandement exprès. On n'y résistera pas, mais encore faut-il qu'on l'entende. La loi s'exécutera peut-être d'elle-même une fois faite : c'est une raison de plus pour la faire.

L'obligation semble inhérente à cette matière ; on ne fait pas une loi là-dessus sans la faire impérative, soit en Allemagne, soit aux États-Unis. « Oui, dit M. de Parieu, l'enseignement primaire est obligatoire en Allemagne ; mais tout y est obligatoire, landwerh, assurance, couvre-feu..., tout enfin, excepté la résidence ; et c'est pourquoi l'on émigre. »

Soit, repondrais-je, le bon plaisir des Allemands est d'émigrer, mais où vont-ils? Dans un pays où tout est libre, indépendant, spontané, effréné..... tout, excepté l'enseignement primaire, qui est chose impérieusement obligatoire, chose imposée par la loi fédérale aux États, par la loi des États aux communes, par l'autorité des communes aux pères et aux enfants. On ramasse les enfants vagabonds, et on punit les pères de ces enfants.

Tout ce régime américain a été raconté par M. de Laveleye, avec des détails et une autorité que confirment tous les témoins oculaires de la chose, voyageurs ou naturels.

Mais je ne sais en vérité s'il m'est permis d'invoquer cet exemple des États-Unis. Puis-je argumenter d'une nature qui ressemble si peu à la nôtre? Vous croyez peut-être que je fais allusion à la démocratie de ces gens-là, aux pionniers, au Niagara, aux Bizons, aux Peaux-Rouges? Non, vraiment; il s'agit de toute autre chose. Je veux parler de l'enseignement, donné qu'il est par des femmes. — Oui, direz-vous, des matrones. — Nullement. Préparez vos oreilles, lecteurs français, lecteurs charmée de *Fanny* et de *Madame Bovari*. On va vous dépayser, vous ravir en pleine oasis morale. Figurez-vous qu'il y a un pays où garçons et filles vont à la même école et apprennent ensemble les mêmes choses; où les professeurs sont en général des jeunes filles, qui commencent par avoir 18 ans, pour enseigner des écoliers, qui finissent par en avoir 16 ou 17; ou ces professeurs se marient, ce qui prouve peut-être qu'elles ont un cœur, un cœur qui peut-être n'a pas battu, dans cette occasion, dans ce contact de la vie scolaire... Je n'en dis pas davantage. Je me demande ce qu'il faut le plus admirer ici des professeurs, des élèves ou des maris. Tel est le nouveau monde, ah! oui, bien nouveau, bien inconcevable pour un Français..... surtout si ce Français a les

traditions du siècle dernier. A l'aspect de ce pro-
digé, il deviendra inquiet et pensif. Il ne pourra
s'empêcher de faire un retour pénible sur ce *plai-
sant pays de France*, comme disait Marie-Stuart
(qui eût été par parenthèse une déplorable institu-
trice), où l'on a vu des mœurs si enjouées, où les
contes de Lafontaine furent faits pour la plus
grande dame du xvii<sup>e</sup> siècle, pour la duchesse
de Mazarin, un siècle décent et austère, si vous
le comparez à son successeur, dont le souffle est
encore parmi nous, un peu refroidi pourtant.
Il finira par croire que, sous le rapport des
mœurs, cette société américaine a quelque avantage sur la nôtre : et comme elle a fait tout récemment une terrible guerre, où parurent les plus
hautes qualités de la chose, au profit de la cause
la plus juste, et en présence d'une liberté intacte,
on pourrait se demander sous quel autre rapport
nous retrouvons, nous reprenons notre avantage.

En tout cas, ce n'est pas l'enseignement primaire qui a fait aux États-Unis cette merveille
morale. La chose vient de plus loin, de plus haut
surtout, je veux dire de ces *pilgrim fathers*, de ces
grands fanatiques, aussi grands dans l'histoire
que dans le roman, qui un beau jour débar-
quèrent dans ce pays, emportant avec eux leur

foi et leur Dieu... Là où est l'autel, là est la patrie.
Quand il auraient eu l'austérité comme ils avaient
la foi qui agit et qui s'expatrie ; quand ils auraient
fondé ces mœurs inintelligibles pour le continent,
avec la force d'une tradition et d'un point de départ impérissable, cela ne m'étonnerait pas. Je
m'étais toujours douté de cela, en lisant les romans américains ; en voyant comme ils ont un art
qui se détourne du fruit défendu, comme ils n'em-
pruntent rien à certaines sources brûlantes de la
basse humanité aussi anciennes que la création,
comme ils montrent une idée confuse de la différence des sexes. Avec le temps, on trouve cela
superbe, et l'on arrive à comprendre autre chose
que la pure tradition française.

Si vous estimez que ces exemples américains ne
sont pas encore à notre usage, libre à vous de les
négliger et de vous en tenir aux raisons purement françaises qui veulent en ce sujet la gratuité
et l'obligation.

## SECTION XII

### OBJECTION DE SOCIALISME ADRESSÉE AU SYSTÈME DE L'OBLIGATION ET DE LA GRATUITÉ.

Aimez-vous l'État et ses interventions, ses contraintes, ses munificences? Non. Eh bien, je ne saurais vous proposer autre chose. Aussi ai-je à prévoir une objection sur tout cela, non la plus forte, mais la plus ardente, la plus passionnée, un soulèvement plutôt qu'une objection. « Où allez-vous ? où nous menez-vous avec ces exemples et ces maximes? Prenez donc garde aux suites logiques de tout ceci. Dès que la loi défraye le besoin d'instruction, on pourrait lui demander aussi bien de prendre à sa charge tant d'autres besoins non moins criants, besoin de travail, besoin de crédit personnel, besoins de la vieillesse et de la maladie. » Bref, c'est l'objection ou plutôt le reproche de socialisme qu'on nous adresse. Cela eût été grave, infiniment grave, il y a dix-huit ans ; mais aujourd'hui cela ne vaut que sa valeur.

Ne vous inquiétez pas, dirai-je aux inquiets, de la portée logique d'un principe, des abus et des abîmes où il mène logiquement. Car il n'est pas de principe, même parmi les plus autorisés, qui, employé seul et poussé à bout, n'aboutisse légitimement à quelque chose d'excessif et de funeste : démagogie, théocratie, despotisme. A l'épreuve logique, tous les principes sont mauvais, désastreux : la société aurait à se défier de toutes ses bases et ferait aussi bien de rentrer dans le néant. Acceptons les choses dès qu'elles sont bonnes et utiles dans certaines limites, sans nous inquiéter de leur aptitude logique à franchir ces limites. Cette tendance est sans danger : la nature humaine, la jurisprudence sociale sont là, pleines de principes et de précédents qui feront place au nouveau venu, sans abdiquer devant lui. Pour nous en tenir à ce sujet, prenez seulement tout le contraire du socialisme, prenez l'individualisme, un principe en vertu duquel chacun doit être livré à ses œuvres, responsable de lui-même et l'unique artisan de sa destinée. Eh bien, avec ce principe, vous arrivez droit à supprimer les hospices et les hôpitaux. Tant pis pour les imprévoyants. Pourquoi leur jeunesse et leur santé n'ont-elles pas prévu la vieillesse et la maladie? Comme ils ne devaient compter que sur eux-mêmes, ils n'ont nul droit à l'assistance so-

ciale, et doivent porter la juste peine de leur in-
curie et de leur dissipation. Certains logiciens de
l'individualisme ne reculaient pas autrement devant cette conséquence de leurs principes. « *Le
socialisme*, disait feu mon ami M. Frédéric Bastiat,
*est entré dans le monde le jour qu'on y a fait des
hôpitaux et des hospices.* » Cela prouve que la logique n'a rien à voir dans les affaires du monde ;
que tout principe employé seul engendre une conséquence pire que si elle était un sophisme ; que
dès lors nul principe ne peut être employé de la
sorte, mais que nul non plus ne doit être répu-
dié à cause des vices inhérents à son emploi exclusif ; que la société est diverse de par l'histoire,
sans compter que l'homme, la substance sociale,
est divers lui-même de par sa nature. D'où je
conclus que la pluralité des principes est nécessaire à la conduite, au traitement des sociétés ;
qu'elles ont toujours vécu de mélange et de
transaction ; que dès lors, il n'y a point à prendre
ombrage des extrémités alarmantes d'un principe, parce que ce principe n'est pas seul au
monde, parce qu'il n'ira pas jusqu'où il porte,
parce qu'il sera intercepté par d'autres principes,
et que tous sont faits pour se borner, s'émousser, se
purger les uns les autres de leur mauvaise queue :

un mot qui s'applique encore mieux aux procédés de la logique qu'au personnel des partis. Au surplus, c'est ce que l'histoire enseigne. Il est consolant, il est encourageant de penser combien l'on peut émettre de principes détestables et ineptes qui ne tirent pas à conséquence. Voyez *la loi des pauvres*, telle que nos voisins l'ont pratiquée si longtemps ! C'était le droit à la paresse, dont ce pays toutefois n'a été ni énervé ni ruiné.

Mais je veux prévoir ici une insistance de l'objection. « Ce principe, en vertu duquel l'État donnera et imposera l'enseignement primaire, n'est pas un principe comme un autre et que l'on puisse borner à volonté. Ce principe n'est pas moins que la charité dans les lois, et dès lors il n'a pas d'autre limite que la misère. Telle est son étendue ; voici maintenant son exigence et sa puissance juridique pour ainsi dire. Si la charité est un devoir de l'État (dont la gratuité primaire est un article seulement), comme il n'existe pas de devoir qui n'ait un droit pour corrélatif et pour pendant, vous fondez du coup le droit des masses sur la fortune publique, le droit du pauvre sur le riche..... ; vous livrez aux intérêts populaires un principe d'où ils tireront le communisme, vous jetez dans la société le plus inépuisable et le plus capiteux des procès. »

Je réponds que c'est mal connaître les devoirs de l'État, un être à part, qui a des devoirs tout exceptionnels, *sui generis*. Pas un de ces devoirs n'engendre une *action* et ne prête cette arme aux individus. Nulle obligation de l'État n'est plus certaine que la protection due aux personnes et aux propriétés. Cependant, pouvez-vous exiger de l'État qu'il vous fasse escorter sur une route mal sûre, ou garder dans un temps d'alarme? On ne serait pas plus fondé, dans un cas de disette ou de chômage, à lui demander du pain et du travail au nom de son devoir charitable. Nul ne peut sommer l'État de ses obligations, pas plus la faim du pauvre que la terreur du riche.

Il n'est pas dans la nature des devoirs de l'État de susciter des droits corrélatifs qui puissent être la matière d'une revendication juridique. On peut consulter là-dessus le plus grand monument qui fut jamais élevé aux droits individuels : *la Déclaration des droits de l'homme et du citoyen*, qui fait partie de la Constitution de 91. Il n'y est pas question de la charité de l'État. Ce n'est pas que l'Assemblée constituante ait passé sous silence un pareil objet : elle s'en est au contraire fortement

préoccupée. Elle a dit : *Il sera créé et organisé un
établissement général de secours publics pour élever
les enfants abandonnés, soulager les pauvres infirmes,
et fournir du travail aux pauvres valides qui n'auraient pu s'en procurer.* Mais elle a dit cela au titre
de *dispositions fondamentales* et non ailleurs, là où
il est question des droits humains. Cette affirmation d'un côté, cette réticence de l'autre, dans la
même œuvre et dans une telle œuvre, ont sûrement
un sens. Il faut croire que l'Assemblée
constituante a compris la charité de l'État comme
un devoir public qui ne peut être un droit individuel.

« Cependant l'État peut être appelé en justice,
et nous l'y voyons tous les jours. »

Il est vrai; mais seulement à l'occasion de
l'exercice de ses *droits*, fisc, propriété, police, qui
sont définis par des textes et appréciables par un
magistrat. Quant à ses *devoirs*, l'État en est le juge
suprême, il connaît seul ce qu'il doit à chacun,
parce qu'il est seul à connaître ce qu'il doit à tous.
Qui donc aurait compétence pour le reprendre
là-dessus? En vertu de quelle loi? S'il pouvait y
avoir des juges en pareil sujet, le gouvernement
serait de trop, ou plutôt ces juges seraient le
gouvernement.

Après cela, on voit ce qui reste du socialisme : une obligation, une tâche considérable des temps modernes, mais qui ne confère nullement à ses bénéficiaires un droit exclusif et envahissant. Il faut du socialisme, dès qu'on entend par là une application spéciale et directe de la politique au bien des masses. Il faut peut-être, dans le bien public, considérer et traiter surtout le bien populaire. Ceci est la charité dans les lois, et nulle société civilisée, même la plus éprise d'individualisme, la plus hérissée d'instints volontaires et personnels (l'Angleterre par exemple), ne s'abstient de ce socialisme. Or, quelle société a plus d'obligations là-dessus que la nôtre, où le droit a paru si tard et qui doit aux masses de telles réparations? J'ajoute : Quel gouvernement est plus puissant à cet égard qu'un gouvernement comme le nôtre, avec la puissance de son nom et de son origine? Il est clair que son origine lui crée un devoir envers les masses : il leur doit bien quelque chose pour ce qu'il en a reçu. Mais ce que l'oblige et l'assiste surtout, c'est la force qu'il tire de là, force du peuple exprimée par le suffrage universel, force et confiance partout, parce que son nom, sa tradition, son œuvre, c'est l'ordre même. Jamais pouvoir n'eut une telle occasion et

de telles facultés, de telles chances en lui-même
et au dehors. Ce qu'il doit faire, rien ne l'empêche
de le faire.

Cela me frappe, parce que j'ai vu tout autre
chose. J'ai vu, et de fort près, il y a dix-neuf ans,
l'impuissance d'un gouvernement né du socialisme, institué pour le socialisme, et qui ne put en
rien faire, en rien essayer, qui ne put même con-
stituer tel conseil décrété à cette fin. Le fait est
que la *commission permanente de gouvernement pour
les travailleurs* ne fut jamais constituée. Ouvrez le
*Moniteur*, vous n'y verrez nulle part les noms de
ses commissaires : je pourrais nommer. énumérer
les refus. Que voulez-vous ? tout faisait défaut,
programme, budget, employés, cartons. Quand le
Directoire s'installa au Luxembourg en 1796, il
n'était pas plus dénué, encore que M. Thiers ait
fait une très-vive peinture de ce dénûment matériel. Mais l'obstacle était ailleurs pour la commission de 48, pas moins que l'obstacle insurmontable d'une société défiante, troublée jusqu'à
la moelle des os, qui ne refusait pas d'obéir, mais
qui refusait de vivre en quelque sorte. Capitaux
enfouis et consommations suspendues, voilà ce
qu'on vit alors, et qui, dans une société comme
la nôtre, est l'interruption de la vie. Je n'accuse

personne, ni la société, ni les gouvernements de cette époque. Ceux-ci n'avaient pas ce qu'il faut pour agir à fond sur un pays, pour opérer ou pour tenter certains changements de l'ordre économique. Mais, parmi nos hommes d'État, qui donc eut jamais la science, la puissance ou seulement la conception de ce rôle? Les hommes de 48 ne surent pas, avec le pouvoir qui leur tombait du ciel, régénérer l'état social. Mais d'autres, investis d'un pouvoir légitime et régulier, ne savent pas même tenir la société paisible et satisfaite dans les voies d'un progrès normal. On vit en ces gouvernants une lacune qui ne leur était pas particulière, qui est peut-être nationale.

Le tour d'esprit pratique, la connaissance positive des choses qui est nécessaire pour les améliorer, se rencontrent volontiers en Angleterre, ce pays des hommes d'État et même des classes d'État. Mais ce don nous est peu familier et n'a pas encore paru nécessaire pour gouverner les imaginations françaises. Notre premier ministre ne fut jamais le ministre des finances, *le chancelier de l'échiquier*, mais un grand orateur....

Il y a des cas où tout ce qu'un gouvernement peut faire, c'est d'exister et de laisser croire à des lois, à une force, à une protection publique. Ce fut

beaucoup en 48 de n'avoir pas déchaîné les uns,
de n'avoir pas violenté les autres ; et les hommes
qui ont gouverné, qui ont diplomatisé cette tempête, ce chantre d'Elvire surtout, qui trois mois
durant eut une présence d'esprit et de courage
imperturbable, ont bien mérité de la patrie, si ce
n'est de la tempête. Mais, comme tout est changé
à cette heure ! Au lieu de gouvernants inconnus
nés d'une révolution imprévue, un nom fameux
qui signifie ordre et force ; une base populaire et
universelle, les finances d'un peuple qui con-
somme beaucoup et qui épargne beaucoup, ainsi
que le démontrent et le produit croissant de l'impôt et la source intarissable des emprunts. Si par
hasard ce gouvernement estimait qu'il a des devoirs envers le peuple, il pourrait les remplir
tout à son aise. Je ne sache rien qui l'en empêche. Il a tout pour lui, tout pour cela : les
écus, le crédit, la sécurité qu'il a faite et qu'il
n'ébranlerait pas, s'il entreprenait cette œuvre
complexe et multiple du socialisme, qui ne con-
siste pas dans quelque grande mesure alarmante,
mais dans une infinité de mesures partielles, de
palliatifs variés. Il ne tient qu'à lui d'entreprendre
le bien populaire, tout comme Napoléon a fait le
Code civil, en quelques années de présence et de

direction au Conseil d'État. L'assiduité suffirait, marquant la volonté. Louis XIV n'avait que cela pour lui. Quand un souverain veut faire son métier, il trouve toujours quelqu'un pour le faire au-dessous de lui, à moins qu'il n'ait tout usé et rien formé autour de lui, ce qui est le fait invariable des souverains absolus. Cela est plus considérable et lui ferait une gloire autrement personnelle que telles aventures au dehors, dispendieuses et en-sanglantées, même quand elles tournent bien, ce qui ne nous arrive plus. Cela vaudrait au pays de la force et de l'aplomb, à défaut d'une frontière nouvelle et reculée : la force qui réside dans la cohésion des classes entre elles, dans la cohésion du pays et du gouvernement.

La première chose à faire dans cette voie, c'est l'enseignement primaire. Vous ne donnerez le change à personne en parlant d'une grande impulsion communiquée aux travaux publics, de toutes les villes de France transfigurées, accommodées à l'instar de Paris. Nous savons qu'en penser. Ces travaux sont productifs à Paris, parce qu'ils sont créateurs d'une affluence, d'une consommation et finalement d'un impôt plus considérable par où ils sont défrayés, récompensés de toute façon. En province, ils sont absolument improductifs. Pourquoi donc la ville de Grenoble verrait-elle un plus grand concours d'étrangers depuis qu'on y a bâti un hôtel de préfecture qui a coûté plus de deux millions? Expédients que tout cela, quand il faudrait des institutions, des germes! Expédients de crise, et cela dans un temps régulier! Si les temps deviennent difficiles, si la crise éclate, politique, alimentaire, monétaire ou industrielle, quelle ressource aurez-vous, ayant employé et épuisé les ateliers nationaux?

En résumé, au nom des qualités diffuses dans la race, au nom du suffrage universel écrit dans la loi, au nom des finances et des attributions qui surabondent en vos mains, au nom des exemples qui vous poussent et des jugements qui vous attendent... vous êtes tenu, vous, gouvernement de la France, issu du peuple, héritier de la révolution, d'éclairer ce peuple et cette révolution, d'y mettre ce sixième sens de la lecture qui illumine tous les autres, et d'élever tous les Français, comme disait Napoléon 1er, à la dignité d'homme.

# CHAPITRE IV

## RÉSUMÉ.

Il s'agit de savoir ce que doit être la liberté en France : si ce pays, qui a une histoire et des destinées à lui, aura une liberté qui lui soit propre ; ou bien s'il imitera telle liberté qui se déploie parmi la race anglo-saxonne ; on bien enfin s'il profitera de ses ailes pour atteindre et refléter dans ses institutions la liberté idéale qui lui apparaît dans ce monde intelligible dont il a, entre tous, le souci et l'accès.

A priori, tenez pour certain que notre manière d'être libres aura quelque chose de tout cela : on n'est pas libre à moins : il faut à ce dénouement le concours et l'effort de tout ce que nous savons faire, soit par nous-mêmes, soit par les autres, soit par le rayonnement de la plus haute lumière théorique dans la race la plus illuminée.

Après Dieu, la liberté vient d'Angleterre : Quant à l'Angleterre, elle vient et procède elle-même du moyen âge : c'est assez dire que la

France moderne ne peut copier de tout point la liberté britannique.

Il faut voir en effet ce que représente ici une origine, une date, comme celle du moyen âge.

Cela signifie d'abord une liberté réduite au vote de l'impôt. Burke l'a dit en son temps à propos de la guerre d'Amérique : consentir l'impôt fut toujours toute la liberté pour l'homme de race anglaise. Rien n'est plus vrai d'un pays où la liberté est une tradition du moyen âge. A cette époque, rois et sujets n'avaient d'autre démêlé que l'impôt : le reste allait de soi, moyennant le droit seigneurial sur le peuple, et le devoir militaire des seigneurs envers le roi (1). Mais, dans un temps et dans un pays comme le nôtre, les affaires du dehors sont un intérêt tout aussi considérable que le consentement de l'impôt, et la liberté moderne a qualité pour s'informer, pour se mêler souverainement des choses internationales.

(1) Je puis bien invoquer l'autorité de ce discours que je trouve sur mon chemin. Mais, après tout, Burke faisait là un discours d'opposition, un pur système, trop étroit pour la vérité. Pourquoi mettre en oubli que la religion passionna et souleva l'Angleterre pendant tout le XVIIᵉ siècle ? Voilà une source de révolutions bien propre à les modérer. Car les Anglais voulaient être libres en une chose qui est une répression morale, une discipline : ils revendiquaient en quelque sorte le droit de faire leur devoir. On ne tarda pas à voir chez eux la fin des révolutions et la moralité des romans.

Voilà une première différence entre la liberté qui suffisait au moyen âge, aux institutions, nées de cet esprit dans une île célèbre, et la liberté voulue au centre du continent, fondée sur des notions plus conpréhensives et sur des intérêts qui passent la frontière. Et ce n'est pas la seule. Si un peuple est libre par un travail et par des précédents qui remontent au moyen âge. cela signifie droit de réunion comme organe de liberté, dans un temps où les journaux n'existaient pas encore. La religion réformée, une religion de prêcheurs libres, explique en Angleterre la fortune du droit de réunion, l'habitude prise de se réunir pour écouter et s'édifier d'abord, puis pour discuter et critiquer, le tout avec un point de départ où la règle apparaît, où la modération pouvait elle-même devenir une habitude. La différence des races et de leur histoire, l'apparition du journal et de ses services, expliquent les limites que doit rencontrer en France le droit de réunion.

Ainsi la liberté qu'il nous faut est une liberté *sui gueris* : moins de réunions, moins de clubs qu'en Angleterre, parce que nous avons bien assez de passion native où abonde la matière explosible : mais beaucoup plus d'ingérence parlementaire dans la politique extérieure, où se trouvent toujours pour nous des questions capitales, non pas peut-être de frontière, mais d'équilibre, de population respective, d'armement proportionnel, c'est-à-dire des questions d'indépendance et de dignité, je dirais presque de vie et d'honneur.

De là je conclus que, si la France s'appartient, c'est pour gouverner elle-même ses affaires du dehors. Là est le profit comme la grandeur de sa liberté. Je sais bien que cela contredit tous les précédents, tous les exemples, ceux mêmes des nations libres. Mais nous ne sommes pas à cela près. Qu'importe le passé, quand il ne contient pas le germe des solutions que sollicite le présent ?

Il ne sert à rien de dire que les monarques sont historiquement les créateurs d'unités nationales. Ce passé n'est pas une raison pour attribuer aux monarques la connaissance des affaires extérieures et pour la refuser aux nations : il manque à cet argument la valeur actuelle, et peut-être même la valeur historique. Oui sans doute, il s'est rencontré des hommes sur le trône qui ont excellé à réunir et à passionner des forces collectives dont ils ont fait des instruments de conquête. Plus d'une nation est née de ces hommes, de ces rois. Les forces inertes et dispersées ont besoin d'être entraînées

à l'audace, et c'est l'office royal de les contraindre
aux grandes prouesses. Mais il ne s'agit pas ici
d'une nation à faire : nous parlons d'une nation
faite, qui malgré cela n'a pas moins au dehors
des intérêts du premier ordre, qui a son rang
et son prestige à garder, un équilibre à main-
tenir autour d'elle, équilibre valable comme un
droit quand il est écrit et convenu dans les traités. Or, ces intérêts veulent un soin, une vigilance qu'un seul homme n'aura pas toujours,
dont une nation sera plus capable qu'un homme.

J'ajoute que les monarques ne sont pas de stricte
nécessité pour fonder les nations : quelquefois les
races ont en elles des instincts d'audace et d'a-
grandissement par où elles acquièrent la consistance, la cohésion nationale. Quelquefois la nature
leur crée des difficultés ou des séductions qui les
poussent au dehors, qui constituent pour elles
une politique involontaire et permanente. Les
Scandinaves sur la Baltique, les Barbares affamés
qui pullulaient sur la frontière de l'empire romain, étaient des pirates et des conquérants pré-
destinés. Le monde a vu de grandes dominations
qui ne furent pas conçues et fondées par un
homme ou par une dynastie, celles par exemple
de la Compagnie des Indes et du Sénat romain.

Parmi les dynasties créatrices de nations, je compte la maison de Savoie, les Hohenzollern, les Nassau, — pas les Romanoff, parce que la politique russe est une politique trop naturellement indiquée et commandée par l'attrait des expansions méridionales, — pas les Hapsbourg, parce qu'ils ont échoué faute de grandeur ; et l'on voit là, pour le dire en passant, tout ce que peut la gloire du passé pour fonder les nations. Ce fondement est tout moral : Trouvez-moi une grande race avec les grands hommes qu'il est en elle de produire, et vous avez une nation, — pas les Capétiens, parce que leur ambition au dehors a été intermittente et capricieuse ; on les a vus négliger les Pays-Bas, rendre la Savoie, lâcher un moment le Roussillon, et faire le démembrement d'où est née pendant un siècle la maison de Bourgogne.

On voit que le passé ne nous impose pas ici une de ces traditions impérieuses, une de ces lois fondamentales qui persistent à travers toutes les nouveautés ; le présent a le droit de faire, la nation a le droit de suppléer au nom du Progrès, ce qui apparaît dans l'histoire avec de telles défaillances.

Il faut revenir sur ce droit de réunion dont nous avons parlé si légèrement tout à l'heure. Il a contre lui son origine et son histoire révolu-

tionnaire, ce qui toutefois ne le condamne pas
absolùment ; car il a pour lui d'être absolument
nécessaire en temps électoral. Dire que les élec-
téurs et les candidats ont le droit de se voir, de
s'entendre, de se juger dans les réunions nombreuses où figurent toutes les classes du peuple
souverain, où les questions sont des conditions,
où les réponses sont des engagements, c'est énon-
cer une pure évidence, un truisme. Il serait puéril
de contester ce droit à une nation qui passe pour
maîtresse d'elle-même : ne livrons pas ce pays à la
risée des peuples libres, aussi bien de ceux qui es-
sayent la liberté comme en Allemagne et en Italie,
que de ceux qui la tiennent, Anglo-Saxons, Belges,
Hollandais. L'unique question est de savoir si la
réunion , ressort nécessaire de la machine et de
l'époque électorale, doit prendre place dans nos
instructions comme un exercice régulier et permanent, comme un concours élémentaire de la nation à l'affaire publique. Question d'expérience, à
résoudre par la mesure que le droit de réunion
nous donnera de lui et de nous, pendant cette période électorale où il doit s'exercer à tout risque.

On m'interrompt, on me reproche de m'égarer
en de vains détails : « Tout cela, me dit-on, n'est
qu'un accommodement plus ou moins plausible

du régime parlementaire aux nécessités françaises : or, ce régime est absolument impraticable en France.

« Figurez-vous donc une assemblée issue du suffrage universel (qui cessera un jour ou l'autre d'écouter les préfets) souveraine comme on l'est à pareil titre, et d'autre part des Bourbons ou des Bonapartes à la tête du pouvoir exécutif ! La paix est-elle possible entre ces prodigieux antagonistes? Le conflit n'est-il pas naturel, le choc permanent, la catastrophe toujours pendante sous forme de coup d'état ou de dechéance?» Il ne faut pas comparer ce régime à ce qui se passait en Angleterre entre de petits rois allemands sans prestige, des échappés du Hanovre, et l'aristocratie anglaise, doublement circonspecte, comme aristocratie et comme anglaise, contenue par des qualités de race et de caste, gérant seule une liberté qui ne peut en ses mains devenir une licence. Surtout, il ne faut pas comparer chez les deux peuples ce qui apparaît au-dessous du trône et de l'aristocratie.

Chez les Anglais, l'idée de la chose publique est partout, sans que cette idée entraîne la recherche des places, la captation de l'importance officielle, la course aux portefeuilles. Ils songent au travail pour faire fortune, et laissent le soin des affaires publiques à ceux qui sont les plus propres par leur naissance et leur fortune à les considerer et les traiter comme leurs affaires.

« L'Anglais, dit Stuart Mill, se soucie très-peu en général d'exercer le pouvoir sur autrui : N'ayant pas pour son compte la moindre passion de gouverner, sachant d'ailleurs très-bien pour quels motifs intéressés on recherche le gouvernement, il préfère que cette fonction soit accomplie par ceux à qui elle échoit naturellement comme une conséquence de leur position sociale. »

Il en est tout autrement parmi nous. Ou l'idée politique est absente, ou elle marque sa présence par l'amour des portefeuilles ou tout au moins des places ; de sorte que parmi nous tout contribue à pervertir l'idée politique, rien à la retenir et à la moraliser. Ce qu'il faut à ce pays ce sont des gouvernenements personnels, appelés monarchie, institués héréditaires, c'est-à-dire portant l'étiquette et faisant l'illusion de la stabilité. Ce pays n'en demande pas davantage pour se confier, pour vivre, pour prospérer. Par là nous aurons le bénéfice des grandes hommes que le hasard de la naissance pourrait bien mettre sur le trône, au lieu de ces gouvernements médiocres qui naîtront toujours d'un fond médiocre comme les masses et même comme la bourgeosie. Pour être personnels ces gouvernements ne sont pas absolus, ayant à compter avec l'émancipation acquise des esprits, avec l'opinion vigilante et sarcastique de la capitale, et avec les formes, les machines de la liberté, qui ne sont pas impénétrables à l'opinion. Que si par hasard ils devenaient intolérables, eh bien, on les changera ! Les candidats ne manquent pas pour gouverner la France ; et cet accident est moins perturbateur, moins incompatible avec la vie économique d'une nation que le fracas et l'angoisse d'un régime parlementaire, où brulent toutes les mauvaises passions, où l'incendie est toujours appréhendé, toujours imminent. Si ce régime vous plaît, mieux vaut adopter la République, laquelle au moins apporte à ces changements quelque chose de régulier, de périodique, par où ils cessent d'être des révolutions. »

J'avoue que le régime parlementaire est chanceux dans ce pays. Mais veuillez donc jeter les yeux sur les chances ou plutôt sur les fatalités qui attendent un gouvernement personnel. Mon objection péremptoire contre ce gouvernement, c'est qu'une personne ne suffit pas à gouverner la France, et ne peut supporter à elle seule le poids

des fautes que ce gouvernement est exposé à com--
mettre. D'où il suit que l'instabilité est inhérente
à ces gouvernements. La vicissitude et la muta-
tion n'y seraient pas un accident, mais la règle
et l'habitude. Vous voulez de l'héréditaire, et
l'histoire vous crie par tous les exemples con
temporains que vous n'atteindrez pas même le
viager.

Maintenant, est-ce une supposition gratuite
que celle des fautes à commettre par un gouvernement personnel ? Nullement : ces fautes sont
nécessaires, parce que les problèmes ne sont pas
seulement difficiles, mais variés et permanents,
par où ils excèdent les facultés d'une personne,
et la saison active d'une vie humaine. Que d'hommes d'État, d'hommes de guerre, de financiers et
d'économistes a consommés la Grande-Bretagne
pendant sa lutte contre la Republique et l'Empire!
Il faut se représenter Georges III gouvernant à lui
seul cette immense aventure qui écrasa chez nous
le plus grand des hommes connus.

Ainsi les fautes sont inévitables, et ces fautes
apparaîtront soit dans leurs effets visibles et
dispendieux, soit par la révélation des tribunes
et des publicités voisines. D'ailleurs, vous l'avez
dit, un gouvernement personnel ne peut être de

nos jours un gouvernement absolu : il supportera, il admettra quelque chose comme une tribune et comme des journaux. Or, cette combinaison lui est fatale, mettant en évidence les indécisions, les revirements, les défaillances qui sont naturels en toute grande affaire, non peut-être par la faute de l'homme, mais par celle de l'humanité, et dont la responsabilité est lourde sur une seule tête. Aujourd'hui nul gouvernement ne peut être mystérieux; quand il n'aurait qu'un simulacre d'élections et de tribune, il doit publier ses actes; et s'il n'agit pas avec consistance, avec jugement, avec bonheur surtout, il s'expose aux sévérités sans bornes de l'opinion. Etant donné que désormais le souverain doit penser et agir tout haut, il ferait mieux, au lieu de décider les choses à tout risque, et surtout à ses risques, de consulter la nation, lui soumettant les questions et ne les tranchant plus, ce qui est le cas du régime parlementaire.

Je passe à l'objection des muets : ce régime est un gouvernement de bavards, — et je réponds que les plus dangereux parleurs sont ceux qui parlent seuls, sans interruption ni protestation possibles.

Il faut que quelqu'un parle sur la chose pu-

blique, au risque même de bavarder. Toute la
question est de savoir qui parlera. Si ce n'est pas
une assemblée élue, ce sera un conseil d'État, un
conseil de ministre, ce sera le souverain lui-même.
Comment serait-il le représentant du pays, ce qui
est sa prétention la plus chère, et la théorie des
plus absolutistes (voir M. de Maistre qui admet
ici le représentant et rejette le mandataire), s'il
n'entrait en communication avec le pays par des
paroles qui sont des interpellations et des invoca-
tions? C'est chose historique que le verbiage et
la prolixité de Cromwell, délivré du Parlement.
Quant à Guillaume le taciturne, il laissait parler la
Chambre des Communes. Que voulez-vous? La
parole est faite pour l'affaire publique; elle rend
de merveilleux services en ces sinuosités; elle
acquiert surtout à cette hauteur un rare mérite,
qui est d'être un cours permanent de morale publique. Comme l'égoïsme des castes et des dynasties a cessé d'être un droit et n'oserait s'avouer,
comme les partis se perdraient à penser tout
haut..... On ne peut user de la parole sur ce sujet
que pour professer le bien public, ce qui est d'une
certaine conséquence. Il reste toujours des motifs
bas, des passions cupides au fond des cœurs; mais
il n'en peut sortir qu'un *exposé de prétextes* émi-

nemment propre à cultiver le sens moral des peuples, à fortifier les principes patents de la constitution, à lier les conduites par le langage, et peut-être même la conscience de l'hypocrite par ses propres déclamations.

Il ne faut pas oublier que le fondateur de notre monarchie administrative, que Richelieu, convoqua des assemblées à plusieurs reprises, et que, pour avoir interrompu cette coutume pendant cent cinquante ans, le monarchie française eut à convoquer l'assemblée de 89.

La France ne peut renoncer à la parole, à la pensée publique. Ce pays est le dernier qui devrait abdiquer au profit d'un monarque, et prendre son parti du gouvernement personnel, parce que, doué comme il l'est, ce serait un hasard s'il trouvait l'équivalent de lui-même dans un homme ou dans une classe. Hostile à l'aristocratie, il devrait l'être encore bien plus à la monarchie absolue : car un grand monarque, *cet accident heureux*, comme disait un czar, est encore plus accidentel dans une famille que le génie du gouvernement dans une classe.

Cependant, quelle que soit la France, il faut l'élever par l'enseignement universel à la hauteur du suffrage universel qui lui appartient. Pour abolir les castes, il suffisait de considérer ce que les hommes ont d'identique, c'est-à-dire la faculté commune à tous d'arriver aux mêmes idées, à un certain niveau moral et intellectuel ; mais cette virtualité ne devient un fait, ce fond de similitude n'apparaît et ne porte ses fruits que moyennant l'éducation. Il suit de là, que si vous voulez attribuer aux hommes, non plus l'égalité devant la loi, ce qui se justifie par la seule qualité d'homme, mais un droit égal à faire les lois, il faut faire sur eux œuvre d'éducation, et ne pas mettre le pouvoir partout, sans avoir mis partout l'intelligence nécessaire à cet office. Encore Stuard Mill :

«Quand la société, dit-il, n'a pas accompli son devoir en rendant ce degré d'instruction accessible à tous, il y a bien injustice, mais c'est une injustice dont il faut prendre son parti. Si la société a négligé de remplir deux obligations solennelles, la plus importante et la plus fondamentale des deux doit être remplie la première ; l'enseignement universel doit précéder le suffrage universel. Il n'y a qu'un homme, chez lequel une théorie irréfléchie fait taire le sens commun, qui puisse soutenir qu'on devrait accorder le pouvoir sur autrui, le pouvoir sur toute la communauté, à des gens qui n'ont pas acquis

les conditions les plus ordinaires et les plus essen-
tielles pour prendre soin d'eux-mêmes , pour
diriger avec intelligence leurs propres intérêts et
ceux des personnes qui les touchent de près.

Si la France avait passé par les écoles primaires, et si elle était appelée aux exercices d'une
liberté réelle, il resterait à savoir l'usage qu'elle
ferait de ses droits et de ses connaissances. On
peut prévoir encore bien des épines et des obstacles sur son chemin. On les a peut-être énu-
mérés. plus haut : en tout cas, comme on craint
d'avoir fatigué le lecteur par un pêle-mêle
de doutes, d'anxiétés, de scrupules dont cette
matière est hérissée, on ne veut pas le quitter
sans lui dire deux choses, l'une déterminante,
l'autre rassurante, si je ne me trompe. On veut
lui montrer d'abord un principe de solution
qui tranche tout, le seul au monde qui soit demeuré clair et intact : l'honneur. Il y va de l'honneur à ce que la France n'appartienne pas à un
seul homme, à ce qu'elle dispose d'elle-même,
par un procédé quelconque, qui sera toujours
vicieux, hasardeux surtout ; mais l'essentiel est
d'être debout. *Fais ce que dois....*

Il y a d'ailleurs des illusions de terreur comme
d'optimisme : marchez dessus et l'affreux mirage

se dissipe : la réalité survient pour réduire tout aux proportions compatibles avec la vie indivi- duelle ou sociale. La vie ne s'est pas établie dans le monde pour disparaître : on ne connaît pas le cataclysme où s'abime une société, et je crois même que la science ne reconnaît plus les cata- clysmes purement physiques. « La vie peut se déplacer, dites-vous, quittant une nation pour passer et surabonder dans une autre. » Non, parce que toutes les sociétés ont des difficultés équi- valentes, si ce n'est semblables ; les sociétés de l'Europe sont à niveau, et ce niveau est assez élévé pour la défendre contre les sociétés extra- européennes, fussent-elles conduites par un Ta- merlan.

Le progrès, qui est la loi certaine des sociétés, est un accroissement de vie, suivant la définition la plus admise. Quand je le suis et le reconnais à travers tout ce qui devrait l'intercepter, soit en nous, soit hors de nous, je me demande d'où il vient, et je me rappelle alors ces rameurs qui vont au port en y tournant le dos : seulement quelqu'un tient le gouvernail.

FIN

# TABLE DES MATIÈRES

CHAPITRE III.

FIN DE LA TABLE

Paris. — Typ. A. Parent rue Monsieur-le Prince, 31.

www.ingramcontent.com/pod-product-compliance
Lightning Source LLC
Chambersburg PA
CBHW070812270326
41927CB00010B/2390